백성의
무게를
견뎌라

백성의
무게를
견뎌라

— 법학자 정약용의 삶과 흠흠신서 읽기 —

심재우 지음

산처럼

다산 정약용은 조선시대가 낳은 최고 학자이자 개혁가다. 잘 알려진 것처럼 다산은 민중의 삶에 큰 애착을 가진 실천적 지식인으로, 조선 후기 역사에 헤아릴 수 없을 정도로 깊고 넓은 유산을 남겼다. 그는 요즘으로 치면 인문학, 사회과학, 자연과학 등 다양한 분야에 관심과 학식이 깊었는데, 특히 오랜 유배라는 시련 속에서도 500권 넘는 방대한 저술을 남기는 등 절대다수의 보통 사람은 감히 범접할 수 없는 삶을 살다 갔다. 그리고 이런 유산은 시대를 뛰어넘어 현대를 사는 우리에게 많은 영감을 주고 있다.

다산의 삶이 본격적으로 재조명된 시기는 일제강점기인 1930년대다. 그가 남긴 전체 저술이 처음으로 『여유당전서』라는 제목을 달고 세상에 공개된 것도 이때 일이다. 이후 다산의 삶과 사상에 대한 연구는 실로 많이 진행되었다. 하지만 법학자 다산과 관련해서는 아직까지 본격적인 연구가 이루어지지 못했음을 고백해야 할 것 같다.

지금은 법을 연구하는 학문을 가리켜 법학이라 하지만, 조선시대에는 '율학律學'이라고 칭했다. 경전을 금과옥조로 여기던 조선 선비들은 율학을 등한시했고, 실제 율학 공부는 주로 중인中人 이하 신분층이 했다. 잡과시험에 율과律科가 있긴 했으나 대개 격이 떨어지는 집안 자제가 응시한 것도 이 때문이었다. 그런 점에서 사대부 관리인 다산이 율학 같은 실용학문에 높은 수준의 지식을 가졌다는 사실은 가히 놀랄 만한 일이라 하겠다. 법률에 대한 깊이 있는 이해는 물론, 당대 법 집행의 문제점을 정확히 파악하고 개혁 방향까지 제시한 실학자이자 개혁가인 다산은 폭넓은 독서와 다양한 관직 생활을 기반으로 법사상 및 제도에 큰 관심을 보였고, 해박한 논리로 실제 사건의 진위를 가리기도 했다. 그러나 지금까지 덜 조명된 부분인 만큼 법학자로서 다산은 여전히 낯선 느낌일 테다.

따라서 이 책은 다산이 가진 여러 모습 가운데 상대적으로 덜 주목받아 온 법학자이자 법률사상가로서 면모에 초점을 맞추어 저술『흠흠신서』를 바탕으로 그의 법 관련 의식과 사상을 엿보려 한다.『흠흠신서』는 목민, 즉 각 지방관의 사적을 가려 뽑아 폭정을 비판한 다산의 유명한 저술『목민심서』보다 세상 사람들에게 덜 알려졌으나, 중국과 조선의 살인 사건 재판에 대한 원칙, 사건 처리에서 문제점, 그리고 바람직한 법률 적용 방법을 소개한 우리나라 최초 판례연구서로서 의미가 있다.

법률학자 다산의 일대기와 살인 사건 판례연구서『흠흠신서』를 살펴보기 위한 이 책은 크게 다섯 부분으로 구성되어 있다. 먼저 다산의 집안, 생애와 더불어 법조인으로서 탁월한 역량을 발휘한 관직 생활을 돌아봤다. 다음으로 다산의 눈에 비친 지방사회 재판과 형벌의 실상, 그가 제시한 법 제도 및 형정刑政 운영의 바람직한 개선책에 주목했다. 그리고 『흠흠신서』를 두 부분으로 나누어 집중적으로 분석했는데, 편찬 과정과 구성, 수록된 사건의 유형 및 특징을 살피고 『흠흠신서』 전반에 흐르는 다산 형법사상의 핵심을 짚어봤다. 마지막으로 다산의 인간적 면모와 유배지에서 저술 활동, 다산학 연구 현황 등 그가 남긴 유산을 음미해봤다.

이 책은 실학박물관 실학교양총서의 하나로 기획된 것이기에 일반 독자가 다산의 일대기와 『흠흠신서』에 흥미를 가지고 쉽게 이해할 수 있도록 하는 데 주안점을 두었다. 가볍게 읽을 만한 분량으로 구성하다 보니 까다로운 조선시대 법 제도, 용어, 법률 담론 등에 대한 설명이 친절하지 못한 부분이 없지 않다. 또 책 집필에 도움을 받은 선행 연구 등 전거를 일일이 밝히거나 소개하지 못한 점도 양해를 구한다.

부족한 책이지만 그래도 출간 과정에 도움을 주신 분들께 감사 인사를 드리는 것이 도리일 듯하다. 2017년 초 실학박물관 조준호 학예팀장님은 다산의 저작 가운데 『흠흠신서』에 대한 관심과 연구가 부족하다는 점을 상기시키고 필자에게 이를 주제로 한 교양서 출간을 권유하셨다. 필자는 마침 그해 3월부터 1년간 직장인 한국학중앙연구원으로부터 연구년을 허락받은 상태여서 이 기간 허송세월하지 않고 그나마 책 초고를 작성할 수 있었다. 조 팀장님의 자극 덕분이라 하겠다. 아울러 실학교양총서의 행정 실무를 맡아 도움을 주신 실학박물관 이헌재 박사님, 선뜻 원고 출판을 맡아주신 도서출판 산처럼 윤양미 대표님과 원고를 꼼꼼하게 읽고 다듬어주신 유현희 편집자에게도 감사드린다.

아무쪼록 이 책이 다산 정약용의 법률사상가로서 모습, 그리고 율학에 조예 깊은 실천적 지식인으로서 진면목을 보여주는 데 조금이나마 일조할 수 있으면 다행이겠다.

2018년 9월
심재우

차례

백성의
무게를
견뎌라

법학자 정약용의 삶과 흠흠신서 읽기

金
金
親
言

제1부

정약용의
생애와 법학자로서
면모

집안 배경이
약이 되기도 독이 되기도

눈부시지만
굴곡진 인생

　다산茶山 정약용丁若鏞(1762~1836)은 조선시
대 후기의 수많은 개혁적 사상가 가운데 특히 눈부신 업적을 남긴, 당
대를 대표하는 학자다. 다산이 살던 18세기 후반부터 19세기 초반까
지는 영조, 정조, 순조, 철종 재위 기간이었다. 당시는 조선왕조의 전
통적 사회운영 시스템으로는 더 이상 국가를 지탱할 수 없을 만큼 사
회 전반적으로 변화가 가속화되던 때였다. 임진왜란과 병자호란이라
는 두 차례의 큰 전란을 거친 후 국가 재건 과정에서 상품경제가 발전
했고, 백성들의 주체성과 자의식도 크게 신장되었다. 하지만 엄격한
신분질서 속에서 백성의 세금 부담은 가중되었으며, 흉년 등 반복되

1935년 『동아일보』에 삽화로 실린 정자모를 쓴 다산의 초상.

는 자연재해로 민생이 팍팍하기 이를 데 없었다.

이런 상황에서 다산은 과감한 사회개혁으로 체제를 일신하지 않으면 왕조의 장기 지속을 장담할 수 없다는 것을 절감했고, 결국 병든 세상을 치유하는 방책을 담은 수많은 저술을 통해 세상을 향한 자신의 주장을 펼쳐냈다. 잘 알려진 바처럼 다산의 학문적 관심사는 오늘날의 인문, 사회과학 거의 전 분야에 걸쳐 있었으니, 그동안 그의 개혁론이 조선 실학을 집대성한 것으로 이해되어 온 것은 어쩌면 당연한 일이다.

다산의 일생을 돌아보면 동서고금의 여느 위대한 사상가들과 마찬가지로 결코 순탄치 못했다. 다산은 1762년(영조 38) 경기도 광주군 초부면 마재 마을에서 아버지 나주정씨羅州丁氏 정재원丁載遠(1730~1792)과 어머니 해남윤씨海南尹氏(1728~1770) 사이에서 3남 1녀 중 막내아들로 태어났다. 정재원이 전처와 사이에서 낳은 다산의 이복형

안경 낀 다산의 초상. 2008년 김호석 그림.
강진군 다산기념관 소장.

정약현丁若鉉을 포함하면 다산은 넷째아들인 셈이다.

마재 마을은 현 행정구역으로는 경기도 남양주시 조안면 능내리에 해당한다. 진사進士(조선시대 과거 예비시험인 소과小科의 복시覆試에 합격한 사람에게 준 칭호 또는 그런 사람)시험에만 급제했을 뿐 문과에는 오르지 못한 아버지 정재원은 여러 지방 목민관을 거친 인물로, 다산에게는 학문적 스승이기도 했다. 다산의 집안은 당시로서는 주류에서 벗어난 남인南人이었지만 12대조 할아버지부터 5대조에 이르기까지 연달아 8대가 최고 명예로운 관직인 옥당玉堂(홍문관弘文館) 관리로 근무했을 만큼 명문이었다.

다산은 22세 때인 1783년 진사시험에 합격해 성균관에 들어간 후 28세가 된 1789년(정조 13) 문과에 급제, 벼슬살이를 시작했다. 국왕 정조로부터 깊은 신뢰와 총애를 받은 다산은 정조가 1800년 갑작스레 서거하기 전까지 10년 남짓 동안 중앙 조정 관리는 물론, 지방 목민관과 관리들의 비리를 염찰하는 암행어사 등 여러 관직을 거쳤다. 하지만 평탄할 것만 같던 그의 삶은 정조가 승하한 후 감당할 수 없는 시련을 겪게 된다. 과거 천주교를 신봉했다는 이유로 경상도 장기현을 거쳐 전라도 강진현에서 18년이라는 기나긴 세월 동안 유배 생활을 하게 된 것이다.

오랫동안 다산학茶山學 연구에 전념해온 다산연구소 박석무 이사장은 『다산 정약용 평전: 조선 후기 민족 최고의 실천적 학자』(민음사, 2014)를 출간하면서 다산의 생애를 크게 수학기, 사환기, 유배기, 정리기로 나누어 상세히 살폈다.

먼저 수학기는 다산의 유년 시절부터 28세 때 문과에 합격한 시기까지(1762~1789)를 가리킨다. 다산은 4세 무렵 집에서 『천자문』을 배우기 시작했고 7세에 간단한 시詩를 지을 정도로 어려서부터 학문에 타고난 재능을 보였다. 특히 22세 때 진사시험에 합격해 성균관에 들어간 후에는 배움이 한층 깊어져 이미 학문 수준이 높은 경지에 이르렀다. 그의 성균관 생활 6년은 국왕 정조와 유쾌한 만남을 이어간 때이기도 하다.

두 번째, 사환기는 문과에 합격한 해부터 마지막 벼슬인 형조참의(조선시대 육조 가운데 형조에 소속된 정3품 벼슬로, 현 법무부 차관에 해당)에서 사직한 38세까지(1789~1799)를 말한다. 이 시기에 그는 희릉禧陵 직장直長 벼슬을 시작으로 이후 10년 동안 정조의 든든한 후원을 받

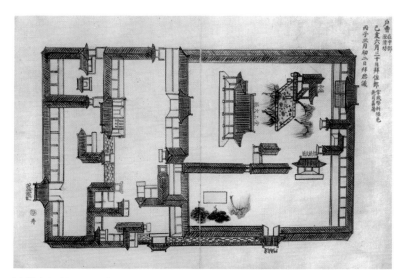

「숙천제아도(宿踐諸衙圖)」에 수록된 호조 전경으로, 당상관과 낭청 집무실 등이 표시되어 있다. 미국 하버드대학교 도서관 소장.

으며 예문관 검열, 사간원 정언, 사헌부 지평, 홍문관 수찬, 동부승지, 병조참지, 형조참의 등 중앙 조정의 주요 관직을 거쳤고 아울러 경기도 암행어사, 황해도 곡산부사 등 지방사회의 실상을 파악할 수 있는 어사와 수령을 역임하기도 했다.

세 번째, 유배기는 1801년 40세 나이로 유배 생활을 시작해 57세에 해배되기까지(1801~1818)를 가리킨다. 지금으로 치면 인생 황금기인 40~50대를 정계에서 물러나 척박한 시골 마을에서 보내야만 했던 것이다. 그런데 이 시기를 다산은 암울한 현실을 목도하며 깊은 좌절과 절망으로 보내기보다 제자들을 가르치고 활발하게 저술 작업을 하는 등 의미 있게 보냈다. '일표이서—表二書'(『경세유표經世遺表』, 『목민

「도성도」로, 경복궁 앞 육조(六曹) 거리의 경우 육조를 비롯한 여러 아문이 표시되어 있다. 규장각 한국학연구원 소장.

다산 유적지 전경으로, 왼쪽에는 다산 묘소로 올라가는 계단이, 오른쪽 건물에는 다산 생가인 '여유당'이 있다. 경기도 남양주에 있다.

심서牧民心書』, 『흠흠신서欽欽新書』)로 대표되는 그의 위대한 저술은 물론, 수많은 경학經學 연구서가 이때 만들어졌을 만큼 중요한 시간이었다.

마지막으로, 정리기는 강진현에서 가까스로 해배된 후 고향인 마재 마을의 여유당與猶堂으로 돌아와 1836년 75세 나이로 사망하기까지(1818~1836)를 말한다. 인생 말년으로, 이때 다산은 유배지에서 작업한 많은 저술을 정리하며 삶을 마무리했다.

삶과 사상 형성에 영향을 미친 집안사람들

앞서 언급한 것처럼 정조가 승하한 후 다산에게 닥친 시련은 결국 18년이라는 기나긴 유배로 이어졌다. 하지만 기약 없는 유배 생활은 그에게 불굴의 의지를 바탕으로 전무후무한 저작들을 집필하는 기회의 시간이 되었다. 정조의 갑작스러운 서거 후 1801년 신유박해辛酉迫害가 있었고, 이때 다산은 자신은 물론, 집안 전체가 비극을 맞이하게 되는데 그 빌미가 바로 천주교였다. 다산 집안에는 독실한 천주교 신자인 셋째 형 정약종丁若鍾을 비롯해 천주교의 영향을 받은 인물이 여럿 있었으니 다산의 성장 및 학문 형성 과정을 이해하려면 먼저 그의 집안부터 살펴볼 필요가 있다.

다산 집안은 당색으로 보면 남인에 해당한다. 다산 윗대의 직계선조 여덟 명이 홍문관 벼슬을 거쳤을 정도로 학문에 출중한 집안이었지만, 다산과 가까운 직계인 고조부 정도태丁道泰, 증조부 정항신丁恒慎, 조부 정지해丁志諧 등 3대에 걸쳐서는 벼슬과 거리가 있었다. 아버지 정재원은 1762년(영조 38) 33세 나이로 생원, 진사시험에 모두 합격한 후 영조 말년에 벼슬을 시작했으나 문과에는 오르지 못했다. 하지만 학문적으로 깊이가 있었을 뿐 아니라 목민관으로도 활약했으며, 정조가 즉위한 후에는 경기도 연천현감縣監, 전라도 화순현감, 경상도 예천군수, 울산도호부사, 진주목사 등 고을 수령을 두루 역임했다. 다산은 어려서 아버지로부터 학문을 배우고 수령으로 부임한 아버지를 따라 여러 지역을 다니면서 각 고을의 사법 및 행정 집행을 지켜봤는데, 이런 경험이 탁월한 법학자이자 목민관으로서 자질을 키우는 데 도움이 되지 않았을까 싶다.

정재원은 의령남씨宜寧南氏 남하덕南夏德의 딸과 결혼했다. 하지만

정약현 묘소. 정약현은 다산의 첫째 형으로, 묘소는 다산의 생가 '여유당'에서 가까운 언덕에 있다.

부인 남씨가 맏아들 정약현을 낳고 세상을 뜨자 해남윤씨를 두 번째 부인으로 맞이했다. 해남윤씨는 다산을 포함해 3남 1녀를 두었는데 세 아들이 바로 그 유명한 정약전*, 정약종**, 정약용이다. 사실 다산의 외가 또한 아버지와 같은 남인 시파時派의 이름 있는 가문으로, 어머니 윤 씨는 고산 윤선도尹善道(1586~1671)의 후손, 정확히는 윤선도 증손자인 공재 윤두서尹斗緖(1668~1715)의 손녀였다.

* 다산 정약용과 한배에서 태어난 친형으로 다산에게 학문적·인간적으로 가장 많은 영향을 끼쳤다. 1790년 문과에 급제한 후 병조좌랑 등 관직을 역임했으나 1801년 신유박해 때 신지도를 거쳐 흑산도에 유배되었고, 끝내 해배되지 못한 채 그곳에서 죽음을 맞이했다. 대표 저술로는 흑산도 근해의 수산 동식물을 기록한 우리나라 최초의 수산학 관련 서적『자산어보(玆山魚譜)』가 있다.
** 다산의 손위 형으로 1795년 이승훈과 함께 청나라 신부 주문모를 맞아들였고 한국의 첫 조선천주교 회장을 지냈다. 다산 집안에서 가장 독실한 천주교 신자로, 1801년 신유박해 때 이승훈 등과 더불어 서소문 밖에서 42세 젊은 나이에 순교했다.

흑산도 유배문화공원은 정약전을 비롯해 흑산도로 유배 온 이들을 기념해 조성한 공원이다.

정약종 묘소. 정약종은 다산의 손위 형으로, 묘소는 경기도 광주 천주교 천진암성지에 있다.

다산은 고향인 경기도 광주군 초부면 마현리를 주로 '마재' 또는 '소내'라고 불렀다. 5대조인 정시윤丁時潤(1646~1713) 때부터 대대로 살아온 땅 마재에서 유년 시절을 보낸 그는 겨우 9세인 1770년(영조 46)에 어머니를 여의었고, 이후 어린 다산을 돌봐준 이가 정약현의 부인인 큰형수와 아버지의 첩(서모庶母)인 우봉김씨牛峰金氏였다. 김 씨는 아버지 정재원이 윤 씨와 사별한 후 1771년 측실로 들인 황 씨가 죽자, 다시 1773년 측실로 맞이한 서울에 사는 처자였던 것으로 전해진다.

당시는 사신 행차를 통해 청나라로부터 서학西學 관련 서적이 유입되고, 이에 관심을 갖는 학자도 조금씩 등장하던 때였다. 그 시절 지적 감수성이 예민한 청년 다산은 형제와 집안 인물들 덕분에 다양한 학문 및 서적을 섭렵할 수 있었으니, 그가 천주교에 관심을 가지게 된 데도 집안사람들의 인적 네트워크가 직접적인 영향을 미쳤다고 할 수 있다. 한국 천주교회를 창설한 주역이자 다산 형제들에게 천주교 교리를 전한 것으로 알려진 이벽李檗(1754~1785)은 다산의 맏형 정약현의 처남이었고, 정약현의 사위가 황사영 백서사건*으로 순교한 황사영黃嗣永(1775~1801)이었다. 또한 조선 천주교 최초로 세례를 받은 영세자 이승훈李承薰(1756~1801)은 다산의 자형이었다.

다산은 이들 집안사람은 물론, 남인계 학자들과도 교유하면서 경

---

* 1801년 신유박해로 청나라 신부 주문모 등 많은 천주교도가 처형되거나 귀양을 가자 주문모로부터 세례를 받은 황사영이 탄압의 실태와 대책을 적은 편지를 북경에 있는 프랑스 주교에게 보내려 했고, 그 사실이 조선 조정에 알려져 일당이 모두 체포, 처형된 사건이다. 이후 조선 조정의 천주교 탄압은 더욱 강화되었다. 「황사영 백서」는 현재 로마 교황청에 보관되어 있다.

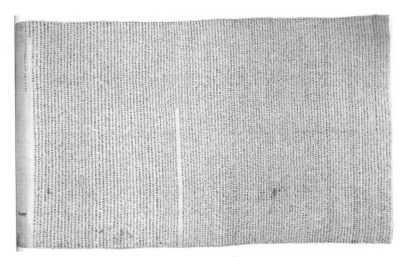

「황사영 백서」. 1801년 천주교 신자 황사영이 신유박해의 내용과 대응 방안 등을 적어 중국 북경의 구베아 주교에게 보내려고 한 밀서다.

서經書(사서삼경四書三經 등 옛 성현들이 유교의 사상과 교리를 써놓은 책) 공부 이외에도 서양 과학기술 등을 접했고, 특히 자형 이승훈의 외숙인 이가환李家煥(1742~1801)과 만남을 통해 성호 이익李瀷(1681~1763)의 실학사상을 이어받을 수 있었다. 한때 천주교 교리에 경도되기는 했지만, 다산의 학문은 근본적으로 유학을 벗어나지 않았다. 그러나 천주교에 한번 연루된 그는 평생 이 문제로부터 자유로울 수 없었으니 18년간의 유배 생활이 이를 방증한다. 가족, 형제 등 출신 배경은 다산의 숙명과 같은 것으로 그의 삶과 사상 형성에 직접적인 영향을 미쳤으며, 훗날 정치적 질곡으로도 작용했다.

짧지만 큰 자산이 된
관직 경험

다산은 1776년 15세 나이에 한 살 많은 서울 회현동 풍산홍씨豐山洪氏 가문의 처자와 결혼했다. 그리고 지방관으로 파견된 아버지를 따라 전라도 화순, 경상도 진주와 예천 등지에 머물렀다. 이후 서울에서 본격적으로 과거에 전념해 1783년 22세 때 생원시험에 합격했고, 성균관에 입학한 지 6년 만인 1789년 마침내 문과에 급제하기에 이르렀다.

다산의 실사구시에 입각한 학문 탐구 자세와 개혁적 사상의 형성 과정에는 집안 분위기, 동료들과 교유 못지않게 여러 관직 생활 경험도 중요한 역할을 한 것으로 판단된다. 이에 다산이 문과에 급제한 후 10년 남짓 동안 거쳐 간 주요 관직을 먼저 살펴보는 것이 유용하다.

먼저 다산은 급제하자마자 중종의 계비로 세자 인종을 낳고 산후병으로 서거한 장경왕후의 무덤 희릉禧陵(현 경기도 고양시에 위치)을 지키는 종7품 직장直長에 제수되었으나 이내 규장각의 초계문신抄啓文臣으로 자리를 옮겼다. 정조 대 초계문신은 재능 있고 젊은 관료들을 규장각에 소속시켜 본래 직무를 면제해주고 연구에 전념할 수 있게 한 제도로, 다산이 초계문신에 발탁되었다는 것은 그만큼 국왕 정조가 그를 신진기예로 인정했음을 의미한다.

1790년에는 한림학사翰林學士로 추천받아 한림 회권會圈에 뽑혀 예문관 검열檢閱(사초 꾸미는 일을 맡아보던 정9품 벼슬)에 제수되었지만, 반대파들이 선발에 사적인 감정이 개입되어 문제가 있다며 다산을 비난하고 나섰다. 이에 다산이 관직에 나아가지 않은 채 대궐에 들어가 임금 뵙는 일을 거부하자 정조가 노여워했고, 충청도 해미현으로 잠시 귀양을 가게 되었다.

해미현에서 돌아와 복귀한 다산은 조정의 여러 관직을 거쳤는데, 특히 청요직清要職(관직 가운데 특히 명망 있고 중요한 자리. 대개 청요직에는 사헌부, 사간원, 홍문관의 삼사와 국왕을 지근거리에서 모시는 승정원 관리들이 포함되는데, 시기에 따라 그 범위에 차이가 있었기 때문에 일률적으로 지칭할 수는 없음)인 사간원 정언, 사헌부 지평, 홍문관 수찬 등 삼사三司의 관직을 두루 경험하는 기회를 얻었다. 그러던 중 진주목사로 일하던 아버지가 지방 관원이 근무하는 임소任所에서 갑자기 돌아가시는 바람에 다산은 1794년까지 삼년상을 치러야 했다. 이후 복직해 성균관 직강, 홍문관 교리와 수찬을 거쳐 경기도 암행어사에 임명되었고 보름간 경기도 북부의 적성, 마전, 연천, 삭녕 등 네 개 지역을 염찰하고 돌아왔다. 비록 짧은 기간이었지만 암행어사 활동은 다산으로서는 피폐한 농촌의 현실을 글이 아닌 피부로 통감하는 절호의 기회였다.

34세가 된 1795년에는 정3품 당상관 품계인 통정대부通政大夫로 승진해 승정원 동부승지와 우부승지, 병조참의 등에 제수되었다. 문과에 급제한 지 6년 만에 당상관에 오를 만큼 고속 승진을 한 것이다. 그러나 이해 7월 중국인 주문모周文謨(1752~1801) 신부의 입국 사건을 계기로 다산은 천주교에 연루된 인물로 찍혀 공격받았고 충청도 금정역金井驛의 찰방察訪으로 좌천되어 약 5개월 동안 그곳에서 생활해야 했다.

사실 천주교 문제로 다산이 반대 세력으로부터 처음 공격을 받은 시기는 이보다 전인 1791년으로 거슬러 올라갈 수 있다. 이해 이른바 진산사건珍山事件이 발생했는데, 천주교 탄압을 불러온 이 사건은 어머니 상을 당했음에도 어머니의 신주神主를 불사르고 제사를 지내지 않았다는 이유로 윤지충尹持忠과 그의 외종 권상연權尙然이 체포, 처형된 일을 가리킨다. 이 일은 두 사람의 문제로 끝나지 않고 순안 안정복의 사위 권일신權日身(1742~1791)과 다산의 자형 이승훈도 붙잡혀 고초를 겪었는데, 윤지충이 다산의 외사촌형이란 점에서 다산 또한 반대 세력의 공격으로부터 자유로울 수 없었다. 이벽을 통해 한때 천주교를 접한 다산은 이 사건을 시작으로 관직 생활 내내 반대 세력의 공격을 받았으니, 1795년 금정역 찰방으로 좌천된 일도 이와 같은 조정 분위기에서 이루어진 것이었다.

금정역 찰방을 거쳐 조정에 복귀한 다산은 1796년 다시 병조참지, 승정원 우부승지와 좌부승지 등에 임명되었다. 하지만 계속해서 천주교 신자라는 모함을 받자 「변방사동부승지소辨謗辭同副承旨疏」라는 유명한 상소를 올리고 동부승지 자리를 사직했다. 이 상소에서 다산은 자신이 잠시 천주교에 경도된 것은 사실이나 지금은 천주교와 절연했음을 소상히 밝혔다.

다산은 같은 해 윤6월 황해도 곡산부사에 임명되어 목민관으로서 여러 업적을 남겼다. 이후 1799년(정조 23) 다시 내직으로 복귀해 병조참지, 승정원 동부승지를 거쳐 현 법무부 차관에 해당하는 형조참의에 제수되었다. 그리고 이듬해인 1800년 정조가 갑자기 승하하면서 더는 관직에 복귀할 수 없는 상황이 되었으니, 다산의 마지막 벼슬이 형조참의였던 셈이다.

이렇듯 다산은 일생을 놓고 볼 때 1789년 문과에 급제해 1799년 형조참의에서 물러날 때까지 10년이라는 짧은 기간에 다양한 관직을 경험했다. 특히 정조의 아낌없는 후원과 배려 속에서 중앙 조정의 주요 관직뿐 아니라, 지방사회의 실상을 몸소 확인할 수 있는 암행어사 및 목민관의 역할도 수행하는 기회까지 얻었다. 이러한 관직 경험이 다산에게는 조선의 현실 정치와 제도를 명확히 파악하고, 구체적이면서도 새로운 혁신안을 내놓을 수 있는 실질적 자산이 되었을 것이다.

법률사상가 정약용에
주목해야 하는 이유

다산은 문학으로 세상에 이름을 떨치던 이가환과 학문이 뛰어난 자형 이승훈의 영향 속에서 이익의 학풍을 이어받아 근기남인近畿南人(서울·경기 지역의 남인을 일컫는 말로 경남京南이라고도 함)의 개혁사상을 어린 시절부터 체득할 수 있었다. 근기남인은 양반사회의 모순과 성리학의 비현실적 학문 경향을 비판하고 민생에 기반을 둔 실용과 실천을 강조한 학자들이다. 이들 근기남인 실학자를 대표하는 이익은 토지를 바탕으로 한 정치·경제·사회적 개혁을 주장했는데, 이는 다산의 학문 및 사상 형성에 적잖은 영향을 미친 것으로 보인다. 그리고 정조의 특별한 총애 속에서 여러 관직을 두루 거치며 왕조 사회의 제반 모순과 문제점을 깨닫고, 유배형에

『마과회통』은 홍역의 원인과 치료법을 적은 다산의 의서다. 장서각 소장.

처해진 이후에는 민생 현장이라 할 수 있는 전라도의 작은 고을 강진현에서 과중한 부세賦稅 부담과 생활고로 도탄에 빠진 농민의 실상을 직접 목도한 삶의 이력 또한 그가 현실을 직시하고 절실한 개혁 내용을 다듬는 데 밑거름이 되었을 테다.

무엇보다 다산이 여전히 주목받는 이유는 그의 개혁사상이 정치·경제·사회·문화 등 다방면에 걸쳐 있으며 방대한 저술로 전해지기 때문이다. 유배지 강진에서 18년 동안 인고의 세월을 보낸 그는 꿈에 그리던 고향으로 돌아왔고, 4년 뒤인 1822년(순조 22) 회갑을 맞아 자신의 생애를 돌아보는 자전적 기록인 「자찬묘지명自撰墓誌銘」을 지었다. 이 기록에 따르면, 다산이 당시까지 저술한 책은 육경六經·사서四書에 대한 연구서인 경집經集이 232권, 시詩와 잡문雜文, 잡찬雜纂 등 문집文集이 260여 권에 달했다. 육경·사서 연구서들의 경우 한漢·위魏부터 명明·청淸에 이르기까지 많은 유학자의 학설을 수집하고 고증해 잘못된 내용을 바로잡고 다산 자신의 독창적인 학설을 덧붙였다. 그가 집필한 문집으로는 『아방강역고我邦疆域考』 등 지리서, 『마과회통麻科會通』 같은 의학서뿐 아니라 조선왕조의 당대 현실을 비판하고 구체적인 사회개혁안을 담은 대표작 '일표이서', 즉 『경세유표』, 『목민심서』, 『흠흠신서』가 있다.

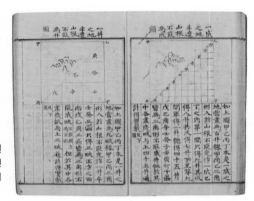

『경세유표』는 국가 제도의 개혁 원리를 제시한 책으로, 사진은 정전제(井田制)에 대해 서술한 부분이다. 장서각 소장.

다산은 이들 저술을 대부분 유배기에 집필했다. 이 점을 고려할 때 지난한 유배지에서 삶이 다른 한편으로는 그가 학자로서 알찬 수확을 한 중요한 시기였다고도 할 수 있다. 「자찬묘지명」을 보면 유배를 떠나면서 "어린 시절 학문에 뜻을 두었지만 20년 동안 속세에 빠져 다시는 선왕先王의 대도大道를 알지 못했는데 이제야 틈을 얻었구나"라고 했을 정도로 그는 유배라는 시련을 견디기 힘든 고통으로 여기지 않고 빛나는 학문 성취의 계기로 승화하겠다는 의지를 드러냈다. 다산은 또한 일생의 저술을 다음과 같이 언급했다.

육경, 사서로써 자신을 닦고 일표, 이서로써 천하의 국가를 다스리고자 했으니 본말이 구비되었다고 하겠다. 그러나 알아주는 사람은 적고 꾸짖는 사람은 많다면 천명天命이 허락하지 않는 것으로 여겨 한 덩이 불로 태워버려도 좋다.

즉, 육경·사서의 경학 연구를 근본으로 삼아 집필에 전념했고, 일 표이서의 경세학經世學 저술에도 힘을 기울여 학문의 본말을 갖추고 자 노력했다는 뜻이다. 이렇게 해서 편찬한 저술이 실로 방대한 양에 달했고, 다산이 저술 하나하나에 혼신의 힘을 다했음은 말할 필요도 없다.

그동안 다산의 생애와 사상에 관한 많은 검토가 있었으며, 관련 서 적 또한 적잖게 출간되었다. 반면, 법학자로서 다산과 『흠흠신서』에 대한 검토는 소홀한 편이었다. 다산의 진면목을 알려면 다양한 측면 에서 그의 생애와 저술을 조명해야 하고, 당대 최고 법률사상가라는 위상 또한 간과해서는 곤란하다. 이에 다산의 법률사상가로서 면모에 주목해 그의 법률관과 법사상, 법을 집행하는 관청에서 활동, 그리고 다산 저술 가운데 우리나라 최초 판례연구서로서 가치를 지니는 『흠 흠신서』의 내용을 중점적으로 살펴볼 필요가 있다고 생각한다.

경전과 역사책 공부에만 몰두하고 법률 지식 등 실용학문에 무관 심하던 당시 사대부 사회에서 다산은 어떻게 『흠흠신서』 같은 전무후 무하고 독보적인 법률 전문서적을 쓸 수 있었을까? 또 『흠흠신서』에 담긴 여러 사건 기록을 통해 확인할 수 있는 당시 백성의 생활상과 법 률문화의 실상은 어떨까? 바로 이 점에 주목해 법률사상가로서 다산 의 활약상, 다산이 바라본 조선시대 사법제도와 형정刑政의 실상, 『흠 흠신서』의 구성과 내용, 다산의 법사상, 다산 사후의 평가와 다산이 남긴 법학자로서 유산을 하나하나 살펴보고자 한다.

관직은 개인의 영달을
위한 것이 아닐지니

암행어사로서 민생을
가까이 들여다보다

다산은 1789년 28세 나이로 문
과에 급제해 관직 생활을 시작했다. 이후 10년간 그가 역임한 벼슬
가운데 법 집행 관리로서 특히 주목을 끄는 것이 암행어사와 형조참
의다. 조선시대 암행어사는 지방에 직접 파견되어 수령의 비리와 고
을의 폐단을 염탐, 조사하는 임무를 수행했고, 형조참의는 조선왕조
의 사법행정을 총괄하는 형조 당상관으로 판서와 참판에 이어 서열
3위인 중책이었다.

　다산은 아버지 정재원의 삼년상을 마친 1794년 33세 젊은 나이에
경기도 암행어사에 임명되었으며, 1799년에는 자신의 마지막 벼슬인
형조참의에 올랐다. 이들 관직에서 실제 근무한 기간은 길지 않지만

암행어사의 상징인 마패. 다산은 1794년 33세 나이에 경기도 암행어사로 파견된 바 있다. 국립중앙박물관 소장.

다산은 어사 및 형조참의의 임무를 수행하면서 공정하고도 치밀한 법조인으로서 자질을 유감없이 발휘했다.

1794년 다산이 경기도 암행어사로 파견되기 전 경기도 일대에 심한 흉년이 들어 농민들은 고단한 삶을 이어가고 있었다. 당시 정조는 다른 어느 국왕보다도 각 지역에 암행어사를 많이 보냈는데, 믿을 만한 당하관 가운데 자신을 지근거리에서 보좌하는 시종신侍從臣을 주로 어사에 임명했다. 이는 백성의 생활을 면밀히 관찰해 고충을 해결하기 위함이었다. 경기도 일대에 흉년이 들자 정조는 백성의 상황을 정확히 파악하고 고을의 각종 비리와 잘못된 관행을 개선하고자 암행어사 파견을 결정했다. 다산이 비교적 젊은 나이에 암행어사로 임명된 것은 정조가 일찍부터 그의 재능과 강직함을 눈여겨봤기 때문이다.

이때 경기도에 다산을 비롯한 열 명의 어사가 파견되었으며, 다산에게는 흉년 피해가 가장 큰 경기도 북부 연천을 비롯해 적성, 마전, 삭녕 등 네 개 지역에 대한 염탐 임무가 주어졌다. 다산이 창덕궁 성

정각誠正閣에서 국왕을 뵙고 어사에 임명된 날이 10월 29일이고 복명復命한 날이 11월 15일이니, 암행어사 활동은 보름 남짓한 짧은 기간에 불과했다. 하지만 다산으로서는 비참한 백성의 삶을 직접 목도하고 민생 현장을 머리가 아닌 피부로 느낄 수 있는 소중한 경험이었다.

당시 암행어사는 지역을 염탐하고 돌아와 국왕에게 복명할 때 서계書啓와 별단別單 등 두 종류의 보고서를 올렸다. 서계에는 고을 수령의 잘잘못을 적시해 비위 수령에 대한 징계를 요구하는 내용을 담았고, 별단에는 고을의 잘못된 관행이나 적폐는 물론, 효자·열녀 등 표창해야 할 인물에 관한 추천의 글을 싣는 것이 일반적이었다. 다산이 복명하면서 올린 보고서를 보면 그의 대쪽같고 불의에 타협하지 않는 성품이 그대로 드러난다.

다산은 먼저 조사 대상 네 개 고을과 지나온 이웃 고을 수령들의 업무를 평가해 적었는데, 대상 수령은 적성현감 이세윤, 마전군수 남이범, 연천현감 이가운, 삭녕군수 박종주, 양주목사 한광근, 파주목사 조택진, 고양군수 왕도상 등이었다. 그는 이들 수령의 행적에 대해 잘한 점과 잘못한 점을 있는 그대로 지적했을 뿐 아니라, 정조의 총애를 받고 있던 두 전직 수령을 지목해 그들의 과오를 조목조목 적었다.

다산이 비리와 탐학이 심한 수령으로 지목한 이들은 바로 전 연천현감 김양직金養直과 전 삭녕군수 강명길康命吉이었다. 김양직은 사도세자의 묘를 경기도 화성으로 이장할 때 지관地官으로 일했고, 강명길은 궁중 어의御醫 출신이라 정조와 인연이 깊었다. 다산은 먼저 김양직이 5년 동안 관직에 있으면서 온갖 악행을 일삼았다고 지적했다.

술과 기생을 가까이했음은 물론, 부정 축재로 환곡의 일부를 빼돌렸으며 심지어 정부에서 탕감해준 재결災結(가뭄, 홍수 등으로 자연재해를 입은 논밭)의 세금을 백성에게 돌려주지 않고 가로챘다고 적었다. 강명길 또한 소송 처리 및 관청 기본 업무를 내팽개친 채 가렴주구苛斂誅求(세금을 가혹하게 거두고 무리하게 재물을 빼앗음)와 매관매직賣官賣職(돈이나 재물을 받고 벼슬을 시킴)에만 열중하는 등 탐욕스러운 행태를 보였다고 비판했다. 다산이 해당 보고서를 올릴 당시 많은 조정 관리는 정조가 과거 인연으로 이 두 명을 죄주기는 어려울 것이라고 생각했다. 하지만 다산은 이런 점을 전혀 아랑곳하지 않고 오직 법과 원칙에 입각해 그들을 처벌해야 한다고 보고서에 적었다. 심지어 다산은 복명 후에도 재차 정조에게 상소를 올려 사적인 이해관계에 얽매이지 말고 그들에게 무거운 처벌을 내려야 한다고 강력히 주장했다.

한편 다산은 어사 신분으로 염탐 지역을 다니면서 경기도 관찰사 서용보徐龍輔(1757~1824) 집안사람의 불법을 적발하기도 했다. 『사암선생연보俟庵先生年譜』에 따르면 다산에게 적발된 인물은 경기도 마전에 사는 서용보 집안사람으로, 마전향교 터를 서용보의 집에 바쳐 묏자리로 삼고자 "터가 좋지 않다"고 거짓말을 퍼뜨리고 고을 선비들을 협박해 명륜당을 헐어버린 뒤 향교를 다른 곳으로 옮기게 한 비리를 저질렀다. 다산은 김양직, 강명길의 일을 처리할 때처럼 현직 관찰사 집안과 관계된 사람이라는 점에 전혀 신경 쓰지 않고 오직 원칙에 의거해 비위 사실을 조사했으며, 밝혀진 비위에 따라 체포해 징계받게 했다. 훗날 서용보는 영의정에까지 올랐는데, 다산 일파를 끝까지 비난하고 모해한 점을 고려할 때 이 일은 다산과 서용보의 질긴 악연의 시작을 연 사건이라 할 수 있다.

다산은 암행어사로서 보고 들은 바를 남김없이 보고서에 적어 정조에게 올렸다. 비위 정도가 심한 전·현직 수령에 대해서는 아무리 국왕의 측근이라도 개의치 않는 등 올곧은 자세로 일관했다. 권력과 시류에 타협하지 않는 이런 모습은 공직자로서 갖추어야 할 자세를 잘 보여주는 사례가 아닐까 싶다. 아울러 비록 짧은 기간이지만 암행어사로서 농민의 참상을 직접 목격한 일은 질곡에 처한 백성들의 문제를 해결하는 것에 관심을 두고 실용적 경세사상을 만들어가는 데 영향을 끼쳤을 테다.

짧지만 능력이 돋보인 마지막 관직

다산이 형조참의로 근무한 1799년은 정조가 승하하기 바로 전해로, 형조참의 벼슬은 그가 역임한 마지막 관직이라는 데 의미가 있다. 다산은 이해 4월 24일 황해도 곡산부에서 내직으로 옮기라는 명을 받고 처음 병조참지에 제수되었으나, 이어 상경 도중인 5월 4일 다시 동부승지에 임명되었다. 그리고 한양에 입성한 다음 날인 5월 6일 또다시 형조참의에 제수되어 바로 어전에 입시入侍했다. 하지만 반대 세력의 공격으로 6월 사직 상소를 올렸고 결국 7월 26일 체직遞職이 허락되었으니, 그가 형조참의로 일한 기간은 석 달이 채 되지 않는다. 더욱이 형조참의 벼슬을 끝으로 다산이 끝내 조정에 복귀하지 못한 사실을 상기해보면 그의 해박한 법률 지식이 형조 실무에 많이 활용되지 못한 점이 안타까울 따름이다.

정조는 다산을 형조참의에 제수한 후 즉시 입시하라 독촉했고, 그 자리에서 다산을 조정으로 부른 이유를 소상히 이야기했다. 다산이 곡산부사 시절 황해도에서 일어난 의심스러운 옥사를 조사해 올린 장계狀啓를 읽어보고 글을 쓰는 선비가 옥리獄吏(형벌에 관한 일을 맡은 벼슬아치)의 일에 해박하다는 사실에 감탄해 불렀다는 설명이었다. 당초 정조는 조금 더 기다려 가을쯤 다산과 함께 여러 가지 미제 옥사를 심리하려 했지만 큰 가뭄이 들어 서둘러 그를 형조참의에 제수했던 것이다.

법률 행정 분야의 식견과 전문성을 인정해 다산을 형조참의에 임명한 정조는 형조판서 조상진趙尙鎭에게 "경은 단지 베개를 높이 베고 참의參議에게 모든 일을 맡기는 것이 좋겠소"라고 말한 것으로 전해진다. 판서 조상진의 자존심을 상하게 할 수도 있는 이 언급은 법률사상가, 법학자로서 다산의 재능을 국왕 정조가 얼마나 높게 평가했는지를 짐작게 한다.

다산은 이보다 앞서 한림, 즉 예문관 검열로 있을 때 정조 재위기에 일어났던 살인 등 형사 사건에 관한 각종 수사, 검시, 재판 기록을 모아놓은 『상형고詳刑考』를 열람했다. 『상형고』는 총 100권에 달하는 방대한 분량이었다고 하나 아쉽게도 현재는 전하지 않는다. 정조 대

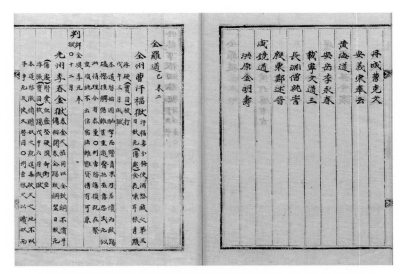

정조의 살인 사건 심리와 판결 기록을 모아놓은 『심리록』. 각 사건마다 사건명, 사건 개요, 관찰사 및 형조의 보고, 국왕 정조의 판결 순으로 되어 있다. 규장각한국학연구원 소장.

에 일어난 살인 같은 중죄수의 심리 결과를 정리한 『심리록審理錄』만 남아 있는데, 『상형고』는 각 사건에 대한 국왕의 판부뿐 아니라 읍-도-형조의 보고서를 각각 전문 그대로 실어 분량이 『심리록』의 5~6 배에 달했을 것으로 추정된다. 당시 형조에서 먼 지방 고을의 살인 사건 기록까지 감영을 거쳐 올라오게 했음을 고려할 때 형조 당상관 자리에 오른 다산은 옥사에 관한 다양한 사건 기록을 좀 더 풍부하게 열람하고 분석할 수 있는 기회를 얻은 셈이었다. 비록 짧은 기간이었지만 이와 같은 경험은 훗날 전무후무한 판례연구서 『흠흠신서』를 편찬하는 데 밑거름이 되었을 것이다.

아무튼 형조참의에 임명된 직후부터 다산은 옥사를 심리하면서 의

심스러운 부분들을 파헤쳐 전후 사정을 종합적으로 밝혀내곤 해 매번 정조로부터 칭찬을 들은 것으로 유명하다. 그중 하나가 바로 황해도 황주에서 발생한 신착실申著實 살인 사건이었다. 이 사건은 엿을 팔아 살아가는 가해자 신착실이 외상으로 엿 두 개를 사 먹고 그 값을 치르지 않은 박형대朴亨大란 인물을 죽게 한 일로, 1797년 8월 옥사가 성립되었다. 피해자 박형대는 신착실의 이웃에 살았던 것으로 보이는데, 신착실이 연말에 외상값을 독촉하려고 박형대의 집에 찾아가 다투는 과정에서 손으로 피해자의 몸을 밀었고 공교롭게도 뒤에 세워둔 지게작대기의 끝이 피해자 항문을 관통해 다음 날 즉사한 보기 드문 사건이었다.

신착실 살인 사건의 처리 과정을 이해하려면 먼저 다산의 황해도 곡산부사 시절로 잠시 돌아가야 한다. 다산은 그 무렵 수령들이 해주 감영의 부용당芙蓉堂에 모여 도내의 각종 살인 옥사를 심리하는 과정에서 신착실 사건을 처음 접했다. 당시 수령 대부분이 겨우 엽전 두 냥 때문에 살인을 저질렀으니 신착실을 용서해서는 안 된다고 주장한 반면, 다산과 해주판관 정술인鄭述仁은 고의가 아닌 과실이라는 점을 들어 정상을 참작해 처리해야 한다고 제안했다. 형조참의가 된 뒤 다시 이 사건을 접한 다산은 지게작대기가 작은 항문을 관통해 죽은 것은 우연히 발생한 일이요, 사람이 의도한다고 해서 능히 할 수 있는 일이 아니라고 강조하면서 신착실의 감형을 강력히 주장했다.

마침내 정조는 다산의 주장을 받아들여 신착실을 사형에서 감해 유배에 처하라고 판결했다. 사건 발생 후 2년 가까이 끌던 신착실에 대한 처리가 마침내 결정되는 순간이었다. 당시 정조의 판부에는 "지극히 뾰족한 것은 지게의 뿔이요, 지극히 작은 것은 항문의 구멍이다. 아주 뾰족한 뿔이 아주 작은 구멍과 맞닿는 것은 천하의 지극히 교묘한 우연이다"라고 적혀 있다. 다산의 주의 깊은 관찰, 예리한 판단이 아니었다면 신착실은 과실치사가 아닌 살인이나 폭행치사로 인정되어 법에 따라 처형되었을지도 모르는 일이다.

누구도 억울함이
있어서는 안 된다

형조참의 시절 다산이 법 집행 관리로서 기량을 유감없이 발휘한 사건이 하나 더 있었다. 함봉련咸奉連 옥사가 그것으로, 억울한 누명을 쓴 함봉련의 구명에 힘써 사건을 극적으로 해결했다는 점에서 특히 주목된다. 다산은 함봉련 옥사 문서에 의심스러운 단서가 있으니 재조사한 뒤 보고하라는 정조의 지시를 받고 함봉련이 연루된 폭행치사 사건을 처음 접했다. 이 무렵 형조 관리들은 함봉련 옥사가 이미 10여 년 전 발생한 일인 데다 사건 정황이 분명한 만큼 자세히 들여다볼 필요도 없다며 안이하게 넘기려 했다. 하지만 다산의 생각은 달랐다. 다산은 정조의 명을 받들어 형조 이서吏胥들로 하여금 해당 사건의 문안을 가져오게 했고, 반도 채 읽기 전 함봉련이 억울하게 누명을 쓴 원통한 사건이라고 판단했다.

함봉련은 경기도 양주 의정리의 백성으로 인근에 사는 김태명金太明

집안의 머슴이었다. 비극은 북한산성에서 파견된 창고지기 서필홍徐弼興이란 자가 환곡을 미납했다는 이유로 김태명의 집에 환곡을 독촉하러 오면서 시작되었다. 서필홍은 김태명이 보이지 않자 집 안에 있던 송아지를 몰고 나왔는데, 마침 길에서 이 광경을 목격한 김태명이자기 집 송아지를 끌고 가는 서필홍에게 불만을 품어 말다툼을 했고 이것이 싸움으로 비화했다. 김태명은 서필홍을 때려눕힌 다음 배 위에 앉아 무릎으로 서필홍의 가슴을 짓찧었고, 이내 송아지를 되빼앗았다. 그리고 마침 땔나무를 지고 돌아오는 함봉련을 만나자, "저기 있는 자는 도적이다. 내 송아지를 훔쳤으니 네가 좀 때려주라"고 말했다. 이에 함봉련은 땔나무를 진 채 서서 손으로 서필홍의 등을 밀었고, 밭에 넘어졌다 일어난 서필홍은 그대로 집으로 돌아갔다.

여기까지만 보면 폭행 시비는 있을 수 있어도 큰 문제가 될 정도의 사안은 아니다. 그런데 창고지기 서필홍이 집으로 돌아간 후 갑자기 많은 피를 토하며 죽으면서 일이 커지고 말았다. 그는 죽기 전 "나를 죽이려 한 자는 김태명이니, 당신이 내 원수를 갚아주오"라는 말을 남겼고, 서필홍의 아내가 한성부 북부로 달려가 사건을 고발함으로써 세상에 알려지게 되었다. 서필홍이 죽으면서 남긴 말, 그리고 김태명이 무릎으로 서필홍의 가슴에 치명적인 공격을 가한 사실 등을 종합해볼 때 이 사건의 가해자는 김태명이 분명했다. 하지만 사건은 엉뚱하게 전개되어 갑자기 함봉련이 죄를 뒤집어쓰는 처지가 되었다.

오늘날 동장洞長과도 같은 역할을 한 이임里任과 동네 이웃 사람들의 진술을 종합한 한성부 북부 관리는 변사체 검시 보고서에서 사망

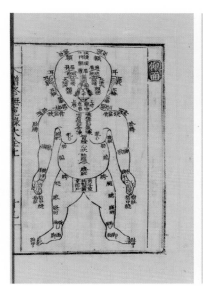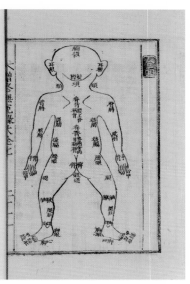

『증수무원록』에 수록된 시신의 앞뒤 주요 검시 부위를 표시한 그림. 국립중앙도서관 소장.

자 가슴 부분이 검붉은 빛으로 변하고 딱딱하며 코와 입에서 피가 나온 정황으로 보아 사망 원인이 폭력이라고 판단했음에도 함봉련을 범인으로, 김태명을 목격자로 지목했다. 김태명은 당시 고을에 영향력을 행사하는 토호였기에 이웃들이 김태명을 비호하고 천한 함봉련에게 죄를 뒤집어씌운 것이었다. 더구나 이웃 대부분이 김태명과 친·인척 관계로 얽혀 있어 제대로 된 진술이 나오기는 애초부터 불가능했다. 결국 한성부 관리의 2차 검시 결과도 함봉련을 범인으로 지목한 1차 결과와 동일했고, 대신들과 승정원에서 논의도 처음 사건을 수사한 한성부 북부의 내용과 모두 같았다. 마치 요즘 회자되는 '무전유죄 유전무죄'의 현실과 별반 다르지 않은 어이없는 결론이었다.

다산은 이 사건의 문안을 꼼꼼히 분석하면서 함봉련의 무죄를 확신했다. 그는 살인 사건을 다룰 때 중요시해야 하는 요소로 사망자 가족의 진술, 변사체 검시, 사건과 관련한 증거 등 세 가지를 꼽으면서 이에 비추어 해당 사건 처리의 문제점을 조목조목 지적했다. 첫째, 죽은 서필흥 아내의 말을 제대로 듣지 않고 가해자 김태명과 이웃 사람들의 거짓 진술에 휘둘려 가해자가 김태명에서 함봉련으로 뒤바뀐 사실을 꼬집었다. 즉, 피해자 서필흥이 죽기 전 자신을 죽게 만든 장본인으로 김태명을 지목했다는 서필흥 아내의 증언을 무시한 채 세력이 강한 사람에게 유리하도록 사건을 마무리했다는 것이다. 둘째, 검시 결과 피해자의 가슴 부위 상처가 핵심이었음을 알고도 소홀히 한 점을 지적했다. 초검관初檢官(시신에 대한 1차 검시 책임을 맡은 수령)과 복검관覆檢官(시신에 대한 2차 검시 책임을 맡은 수령)이 각각 변사체를 검시해 죽은 자가 김태명의 무릎에 의해 가슴에 치명상을 입은 사실을 알아냈음에도 함봉련이 떼밀어 넘어진 점만 특별히 문제 삼은 부분을 비판한 것이다.

정조는 이 사건에 대한 다산의 문제 제기를 즉각 받아들였다. 다산이 정조에게 함봉련 옥사를 재검토해야 한다고 요청한 당일 해당 사건은 결국 다산의 주장대로 처리되었다. 정조는 즉시 형조에 판부判付를 내려보내 함봉련을 형조의 뜰로 데려와 칼과 수갑을 풀어주고 옷을 입혀 무죄 석방한 뒤 사건의 원 문안을 모두 불태우라고 지시했다. 아울러 경기도 관찰사에게는 풀려난 김태명을 재조사한 후 합당한 조치를 취하라고 분부했다.

참고로, 함봉련 옥사의 발생 연도와 처리 과정에 관한 부분은『흠흠신서』「전발무사」편에 의거했으나, 내용상『심리록』의 해당 기록과 약간 차이가 있음을 밝혀둔다.『심리록』에 따르면 함봉련 옥사는 1794년 1월 관에 알려져 10여 년이 아닌 5년을 끈 사건이고, 다산의 노력으로 함봉련이 무죄 석방된 것이 아니라 유배형으로 감형되었다고 나온다. 두 기록에 왜 차이가 나는지 현재로서는 명확히 알 수 없어 여기에서는 다산이 쓴『흠흠신서』에 의해 재구성했다. 어느 기록이 사실에 부합하든 분명한 점은 미천한 머슴 출신이라는 이유로 오랜 기간 확정 판결을 받지 못한 채 옥에 수감되어 심한 고초를 겪던 함봉련의 원통함을 다산이 풀어주었다는 사실이다. 전적으로 억울한 사람을 만들지 않고자 노심초사하던 형조참의 다산의 공이었다.

목민관이 되어
백성과 눈높이를 맞추다

반대 세력에 의해
금정 찰방으로, 곡산부사로

다산은 정조 대에 주로 내
직內職을 맡아 한양에서 관직 생활을 했으나 두 차례 지방에 부임한
경험이 있다. 금정찰방으로 충청도에, 곡산부사로 황해도에 파견된
일이 그것이다. 당시 수령, 즉 목민관은 부세 수취 등 고을의 다양한
행정 업무를 수행해야 했으며, 관할 고을의 백성들이 관에 올리는 소
장을 접수, 처리하는 재판도 주요 일과 가운데 하나였다. 따라서 어떤
수령이 부임하는지는 그 지역 백성들의 삶과 직결되는 매우 중요한
문제이기도 했다. 지방에 두 차례 파견된 다산은 목민관으로서 뛰어
난 활약을 보여 백성의 기대에 부응했다.

먼저 다산이 금정역 찰방으로 파견된 것은 1795년(정조 19)의 일이

다. 이해 중국인 신부 주문모가 몰래 입국해 포교 활동을 했는데, 이 사실을 조정에서 알게 되었다. 이를 빌미로 다산 일파를 제거하려는 조정 내 세력이 다산을 공격했고, 결국 다산은 교서직校書職에서 금정 찰방으로 좌천되고 말았다. 금정역은 충청도 서부 지역의 중심 역이었으며, 관할 구역은 청양-대흥, 청양-결성-홍주-보령-해미-서산-태안으로 연결되는 역로였다. 찰방은 역참을 책임지는 관리로 고을 수령과는 차이가 있지만, 종6품 현감과 급이 같았고 관할 역로의 행정을 총괄하는 적잖은 권한을 지녔다.

다산은 금정으로 좌천되어 가면서도 그 지역 백성의 풍속을 바로잡고 선정을 베풀겠다고 다짐하는 내용의 시를 남겼다. 그리고 실제로 '내포內浦의 사도使徒'로 불리던 천주교도 이존창李存昌을 체포하는 데 큰 공을 세우는 등 천주교 신앙에 빠진 지역 백성들을 교화하고자 노력했다. 금정찰방으로서 다산의 활동은 비록 5개월이라는 짧은 기간으로 마무리되었지만, 한양에서 벼슬할 때는 알기 어려운 지역 사회의 현실과 지방행정의 내용, 목민관으로서 역할 등을 생생히 경험하는 좋은 기회가 되었을 것이다.

금정찰방 이후 다산이 또다시 지방관에 부임한 것은 1797년 윤6월의 일이다. 다산을 향한 반대 세력의 비방이 심해지자 정조는 "구설 때문에 두려우니 물러나서 조용히 기다리는 것이 좋겠다"는 조언과 함께 그를 황해도 곡산부사에 낙점했다. 그렇게 곡산부사에 임명된 다산은 1799년 조정으로 복귀하기 전까지 약 2년 동안 여러 활약을 펼쳤다. 그 가운데 곡산에 부임한 날 이계심李啓心이란 인물을 석방한

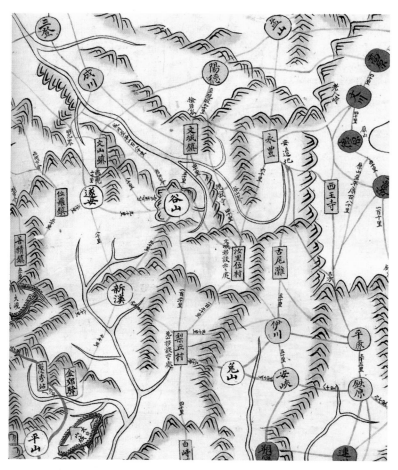

『해동지도』 「황해도」편의 곡산부(가운데) 일대 모습으로, 곡산 아래에 신계, 토산 등이 보인다. 규장각한국학연구원 소장.

일은 그가 목민관으로서 이곳 곡산에서 펼칠 정사政事의 방향을 잘 보여주는 일화라 할 수 있다.

이계심의 신분과 가계에 대해서는 정확히 알려진 바가 없으나 곡산 백성들로부터 신망받는 인사였던 것으로 추측된다. 이계심은 전임 부사 시절 아전衙前들이 농간을 부려 고을 백성들에게 책정된 포보포 砲保布를 터무니없이 과다 징세하려 들자, 이에 반발하는 백성들을 모아 관에 억울한 사정을 시정해달라고 앞장서 호소한 인물이었다. 포보는 훈련도감 소속 포군砲軍을 지원하기 위해 딸린 보인保人을 가리키며, 포보포는 이들 보인이 내는 군포를 말한다. 곡산에도 보인이 할당되어 있어 이들이 내야 하는 군포가 적지 않았다. 전임 부사 시절 아전들이 원래 정해진 200냥에서 4배가 훨씬 넘는 900냥의 군포를 거두려 하자 이계심을 우두머리로 한 백성 1,000여 명이 관아로 몰려갔다. 이에 관아에서는 이계심에게 형장을 가하려 했고, 같이 몰려간 백성들이 한꺼번에 바지를 걷어붙인 채 대신 고문 받기를 청하며 이계심을 보호했다. 아전과 관속들이 뜰에 모인 백성들에게 형장을 가해 백성이 모두 흩어졌고, 이 사건은 감사에게까지 보고되었다. 도망간 이계심에 대해서는 체포령이 내려졌으며, 황해도 여러 토포영討捕營에서 행방을 추적했으나 다산이 곡산부사로 부임하기 전까지 끝내 잡지 못한 상황이었다.

이계심 사건은 한양에까지 전해졌는데, 가렴주구에 지친 곡산 백성들이 폭동을 일으켜 관아로 몰려가서는 세금을 거두던 곡산부사를 들것에 담아 객사客舍 앞에 버렸다는 식으로 이야기가 와전되었다. 당연히 조정 관리들은 주동자 이계심이 관장官長, 즉 고을 수령을 모해하려 했다며 분노했다. 그래서 다산이 곡산부사로 부임하기 전 조정에서 하직 인사를 하러 다닐 때 대신大臣 김이소金履素(1735~1798) 등

채제공의 초상으로, 채제공은 다산과 당색이 같은 남인이자 정조 대 남인의 구심점이기도 했다. 보물 제1477-1호, 수원화성박물관 소장.

여러 관리가 사건을 일으킨 주동자 몇 놈을 죽이라고 권했으며, 채제공蔡濟恭(1720~1799) 또한 다산에게 곡산에 부임하면 고을 기강부터 바로잡아야 한다고 권고했다. 그런데 마침 다산이 곡산에 부임하는 날 길을 막는 자가 있었으니 바로 이계심이었다. 체포령이 내려진 이계심이 다산 앞에 스스로 모습을 드러낸 것이었다.

이계심은 이날 다산에게 올린 글에서 곡산 백성들을 병들게 하는 병폐를 12가지로 나누어 조목조목 제시했다. 다산이 아닌 다른 수령이었다면 이계심은 즉시 체포되어 엄중히 처벌받았을 것이다. 실제로 아전들은 이계심이 황해도의 5개 토포영에 체포령이 내려진 중죄인이니, 즉시 법에 따라 붉은 포승줄로 결박하고 목에 칼을 씌워 관청으로 압송할 것을 요청했다. 그러나 다산은 달랐다. 그는 이계심에게 관아로 뒤따라오라고 했으며, 관청에 오른 뒤에는 형벌과 죽음을 두려워하지 않고 만백성을 위해 그들의 원통함을 호소하는 데 앞장선 이계심의 충정을 높게 평가했다. 마침내 다산은 이계심을 무죄 석방한 뒤 사건을 불문에 붙였다.

곡산 백성들의 마음을 크게 위로한 다산의 이와 같은 조치는 수령에 대한 비방이나 저항을 엄히 다스리던 당시 상황을 고려할 때 결코 쉬운 일이 아니었다. 더욱이 이계심의 경우 상급자인 관찰사가 수배령을 내린 인물이었음을 상기할 필요가 있다. 결국 이계심과 관련된 일화는 다산이 고을의 잘못된 폐단을 제거해 백성들의 어려움을 덜어주는 것이 곧 목민관의 주요 임무라고 여겼기에 가능한 일이었다.

곡산 백성의 현안들을 해결하다

곡산부사로 부임하자마자 이계심을 풀어준 일은 다산의 애민정신을 극명하게 보여주는 사례였다. 이후 다산은 고을 행정 책임자로서 곡산부의 고질적인 폐단을 없애고 여러 형사 사건을 무리 없이 마무리하고자 노력했다. 『사암선생연보』에 따르면 다산이 곡산부에서 처리한 현안이 적지 않은데, 그중 하나가 인근 토산현 소속 장교의 무고 행위를 적발한 일이었다.

하루는 감사로부터 비밀 지시가 내려왔다. 관하 여러 읍에서 도적의 변란이 심각하니 군사를 동원해 도적의 소굴을 수색하고 이들 무리를 섬멸하라는 내용이었다. 도적떼가 관군을 두려워하지 않을뿐더러, 그들의 소굴에 은신처를 마련해두고 두령이 여럿 앉아 있을 정도로 위세가 대단하다는 이야기였는데, 이는 토산현에서 도적을 잡는 토포장교討捕將校의 진술에 따른 것이었다. 하지만 다산은 지금처럼 평온한 시기에 이런 일은 있을 수 없다고 판단했고, 곧 토산현 소속 장교의 무고임을 직감했다. 이에 도적의 소굴로 지목된 곳에 병력을 파견해야 한다는 의견을 무시하는 대신 아전 한 명, 장교 한 명만 뽑아 보냈다. 이렇게 해서 잡아온 적장賊將 10여 명이 양민임이 밝혀지자 이들을 돌려보냈고, 토산현 소속 장교를 무고죄로 잡아다 곤장을 쳐 다스렸다. 당시 지방에서는 장교들이 체포 실적을 올리거나 이익을 챙기려고 도적 출현을 부풀리곤 했는데, 다산이 이를 정확히 적발해낸 것이었다.

"가렴주구는 호랑이보다 무섭다"는 말이 있다. 부세는 백성에게 큰 부담이 아닐 수 없는데, 이 무렵 삼정三政의 문란으로 여러 군현이 백성들로부터 다양한 명목의 세금을 징수해 문제가 되었다. 곡산 백성들도 터무니없는 잡세雜稅 탓에 고통이 이만저만이 아니었다. 이에 다산은 해당 문제를 해결하고자 발 벗고 나섰다. 하나는 고마고雇馬庫(조선 후기 수령 교체나 사신 접대 등에 필요한 잡다한 비용을 충당하기 위해 마련한 창고. 법에 정해진 것이 아니라 각 지역의 관행에 따라 설치되었음)를 조사해 백성들로부터 말 값을 과도하게 징수하는 관례를 없앤 것이고, 다른 하나는 감영에서 벌꿀에 부과하던 많은 세금을 덜어주어 감영 아전들의 횡포를 막은 일이었다.

곡산부 청사인 정당政堂을 건립하면서 백성의 부담을 최소화하기도 했다. 아전과 백성들이 낡은 관청 건물을 새로 짓자고 요청하자 다산은 설계도를 손수 작성하고 필요한 목재도 고르게 분배했다. 또한 새 건물 주인이 관청의 아전, 장교, 노비들이라는 점을 주지시켜 공사일에 참여하도록 적극 독려하니, 건물 신축 과정에서 고을 백성들은 큰 힘을 들이지 않아도 되었다. 이 밖에 겸제원兼濟院이라는 건물을 세워 곡산부에서 귀양살이하는 사람들을 기와집의 돗자리 있는 방에서 살게 하고 끼니도 마련할 수 있게 했는데, 이는 결국 이들의 숙식을 챙겨야 하던 곡산 백성들의 부담까지 덜어주는 결과를 가져왔다. 다산은 호적과 창고에 관한 여덟 가지 원칙을 세우는 등 백성들에게 실질적인 도움을 주는 관아 행정 지침도 마련했다.

한편 재임 중 곡산에서 강도살인 사건이 발생하자 직접 현장 조사에 나서 적극적으로 대처했고, 결국 범인을 잡아 사건을 해결하기도 했다. 1797년 7월 곡산 이화동 백성인 절충장군折衝將軍 김오선金伍先의 아들이 함경도 영풍永豐시장으로 소를 사러 간 아버지가 늦게까지 집에 돌아오지 않자 찾아 나섰고, 문암동 입구에서 아버지 시체를 발견한 사건이었다. 시체가 있던 곳은 김오선이 사는 고을에서 10리가량 떨어졌고, 죽은 김오선의 목과 가슴, 배에 칼자국이 네 군데나 나 있었다. 김오선의 처자식과 고을 백성들은 강도에게 살해된 줄 알면서도 후환이 있을까 두려워 그 사실을 관에 고하지 않고 곧바로 시체를 매장해버렸다. 하지만 이후 강도가 김오선을 죽였다는 소문이 계속 퍼져 나가자 결국 이화동 존위尊位(고을의 어른이 되는 사람) 홍치범洪

포도청에서 곤장을 치는 모습. 조선 후기에는 도적을 다스리거나 군법을 집행할 때 곤장을 사용했다. 김윤보 그림. 『형정도첩』 수록.

致範이 다산에게 보고하면서 사건이 알려지게 되었다.

김오선이 죽은 장소는 우뚝 솟은 산과 우거진 숲이 있어 평소 도적이 자주 출몰하는 곳이었다. 다산은 자신이 직접 사건 현장에 가서 봐야 해결의 단서를 찾을 수 있으리라 판단했고, 현장 조사라는 명목 하에 그곳으로 달려갔다. 아전들은 이미 시체가 매장된 상태라 공연히 화를 키울 필요가 없다고 생각해 다산의 행차를 말렸지만 소용없었다. 탐문 조사 끝에 비로소 단서를 얻은 다산은 곧바로 토졸土卒 수십 명을 풀어 죽은 자가 방문했던 고을을 급습해 도적의 얼굴을 아는 자를 잡아서 끌고 오게 했다. 이어 기포장교機捕將校 김광윤金光允과 심창민沈昌民에게는 노인령老人嶺 아래에 잠복해 있다 범인을 체포해 오라고 명했다. 이렇게 해서 김오선을 죽이고 소를 빼앗은 자가 남의 집 머슴으로 있던 김대득金大得이라는 사실을 밝혀냈다. 결국 이 사건은 다산이 높은 자리에 앉아 명령만 내리기보다 민완형사처럼 적극적으로 움직이고 직접 파헤쳤기에 해결될 수 있었다.

그런데 범인 김대득을 처리한 과정이 흥미롭다. 다산은 본 사건 내용의 처음과 끝을 상세히 작성해 감영에 보고했고, 며칠 뒤 감영의 지시에 따라 김대득을 곤장으로 때려죽였다. 당시 규정에 따르면, 살인 등 중범죄의 경우 수령이 수사해 감영에 알리면 감영에서 다시 조정에 해당 사실을 보고해야 했고, 범인에 대한 사형 집행 여부는 오직 국왕만이 판결할 수 있었다. 이렇게 수령과 감영을 거쳐 국왕에게 보고되기까지는 시간이 꽤 걸릴 수밖에 없었다.

김대득의 사례처럼 당시 지방에서는 사형에 처할 만한 중죄를 저지른 범인의 경우 조정에 보고하지 않고 감영에서 매를 쳐 죽이는 장살杖殺을 종종 시행한 듯하다. 예를 들어 『흠흠신서』「전발무사」편에 실린 강진현의 백白 씨 집안 자매 필랑必娘, 필애必愛 자살 사건을 보면 자매를 구박해 자살로 내몬 계모 나羅 씨에 대한 내용을 조정에 보고하는 대신, 검시관들의 입회 아래 강진현 청조루聽潮樓 앞에서 삼릉장三稜杖으로 쳐 죽인 이야기가 나온다. 또 다산이 곡산부사로 있던 시절 무인武人 김이신金履信이란 자가 자신의 9촌 숙모와 눈이 맞아 간통해 아이를 낳은 사건도 마찬가지 방식으로 처리했다고 되어 있다. 즉, 곡산 백성들이 인륜을 저버린 김이신을 때려죽이기를 바랐으며, 결국 감사가 장살 판결을 내린 것이었다. 하지만 다산은 처리를 미루었고,

이후 새로 곡산부사에 임명된 판서判書 조덕윤趙德潤이 부임 즉시 김이신을 죽였다고 한다.

인권을 강조하는 오늘날의 관점에서 보면 김대득처럼 정해진 재판을 거치지 않고 장살에 처하는 것은 비록 사형에 해당하는 중죄를 저질렀다 해도 편법적이고 가혹한 조치라 할 수 있다. 다산 또한 감사의 지시를 거스르지 못해 관행을 따른 것이겠지만, 이 일은 원칙주의자 다산에게 아쉬운 대목이 아닐까 싶다.

살인 사건 수사는
더욱 냉철하고 엄중하게

다산은 곡산부사 시절 이웃 고을의 살인 사건을 치밀한 수사로 명쾌하게 해결하기도 했다. 바로 수안군 김일택金日宅 옥사, 송화현 강문행姜文行 옥사, 수안군 최주변崔周弁 옥사 등이다.

1798년 여름 큰 가뭄이 있었고, 이에 정조는 돌아가신 아버지 장헌세자莊獻世子(사도세자)의 제사를 지내기 위한 재계齋戒(종교적 의식이나 제사 따위를 치르기 전 몸과 마음을 깨끗이 하고 부정不淨한 일을 멀리하는 것)에 들어가기 전까지 각 지역의 미해결 옥사를 처리하라고 지시했다. 황해도에는 해결이 쉽지 않은 두 건의 옥사가 있었는데, 황해감사 이의준李義駿(1738~1798)은 왕명을 받들어 다산을 회사관會査官(지방에서 살인 사건을 수사할 때 해당 고을 수령 외에도 이웃 고을 수령이 합동으로 조사했는데, 회사관은 사건 조사에 참여하는 수령을 지칭함)에 임명한 뒤 사건을 정밀하게 살펴 재조사하게 했다. 그 사건이 바로 수안군 김일택 옥사와 송화현 강문행 옥사였다. 감사가 도내의 골치 아픈 미제 사건의 재수사를 다산에게 맡긴 셈이었다. 그만큼 그의 폭넓은 법률 지식과 뛰어난 사건 수사 능력이 두루 인정받았음을 짐작할 수 있다.

먼저 수안군 김일택 옥사는 김일택과 박태관朴太寬이란 자가 시장에서 술을 마시고 집으로 돌아오는 길에 친구 이춘연李春延을 만나 서로 장난치다 일어난 사건이었다. 세 사람의 장난이 점차 격해지면서 싸움으로 번졌고, 결국 이춘연이 얻어맞아 죽으면서 폭행치사 사건으로 비화했다. 그런데 이 사건에서 현장에 있던 김일택과 박태관 중 누가 가해자인지가 명확지 않았다. 김일택은 박태관이 이춘연을 때렸다고 진술했고, 박태관 또한 책임을 김일택에게 미뤘다. 증인도 없어 1793년 발생한 사건이 여러 해가 지나도록 해결되지 못하고 있었다.

다산이 사건을 재조사하기 전까지는 김일택이 정범正犯(주범), 박태관이 간범干犯(종범)으로 지목되어 박태관은 아홉 달 만에 풀려나고 김일택은 6년 동안 옥에 갇혀 있는 상황이었다. 그사이 석방된 박태관과 피해자 이춘연의 아내 이李 조이召史(평민이나 천민의 아내 혹은 과부를 일컫는 말로 흔히 성姓 밑에 붙여 부름. 참고로 양반 부녀자를 가리킬 때는 '조이'가 아닌 '씨'라는 호칭을 사용했음)의 행방도 오리무중인 상태였다.

사건 발생 직후 김일택을 이춘연을 폭행한 주범으로 지목한 이유는 박태관의 의관이 온전한 데 반해 김일택의 옷이 찢어져 있었다는 점, 이춘연이 죽기 전 그를 치료하려고 개를 산 자가 김일택이라는 점, 피해자 이춘연의 가족이 시신을 김일택 집에 옮겨놓은 점 때문이었다. 하지만 다산은 원점에서 해당 사건을 다시 훑어 박태관이 폭행에 가담하지 않았다는 증거가 불충분한 만큼 김일택에게만 일방적으로 이춘연 살인의 책임을 지우는 것은 부당하다고 지적했다. 그러면서 백성들 사이에서는 화가 났을 때 옷과 갓을 벗어놓고 싸우는 것이 일반적인 행동이므로 의관이 깨끗한 박태관이 싸우지 않았다고 단정할 수 없다고 추론했다. 또한 개를 산 사람은 김일택이지만 잡은 것은 박태관임을 밝혀 박태관 또한 피해자 이춘연을 구호하려고 애쓴 사실을 알아냈다. 그 외에도 피해자 이춘연 가족이 시신을 김일택 집에 옮겨놓은 것은 박태관의 집보다 더 가깝기 때문이지 이춘연의 가족이 김일택을 주범으로 단정한 것은 아니라는 주장을 내세웠다.

마침내 다산은 초검과 복검 보고서를 논리적으로 비판해 김일택이 정범이 아닐 가능성을 제시하면서 의심스러운 대목이 있을 때는 가볍게 처벌하는 것이 바람직하다는 의견을 정조에게 올렸다. 다산의 의견을 받아들인 정조는 김일택에게 『대명률大明律』 투구살인鬪毆殺人 조문의 형량에서 1등을 감해 장형 100대와 함경도 이성현 유배형을 판결했다. 결국 다산의 치밀한 재조사 덕분에 김일택은 사형을 면할 수 있었다.

송화현 강문행 옥사 또한 김일택 옥사와 마찬가지로 두 사람이 어느 한 명을 폭행해 죽게 한 상황에서 주범과 종범을 어떻게 구별할 것인지가 논란이 된 사건이었다. 송화현에 사는 강문행과 친족 강의손姜儀孫이 강 씨 집안 산에 자기 부친의 묘를 몰래 투장偸葬한 백만장白萬章

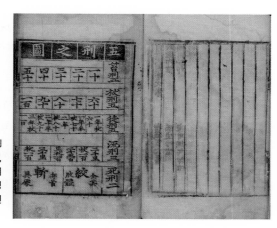

『대명률』의 「오형지도(五刑
之圖)」 부분으로 태형, 장형,
도형, 유형, 사형 등 당시 시
행된 다섯 가지 형벌을 설명
하고 있다. 규장각한국학연
구원 소장.

이란 자의 집에 찾아가 그를 방에서 끌어낸 뒤 폭행해 죽게 한 사건으
로 1796년에 일어났다. 당초 1차 검시를 담당한 초검관 송화현감은
백만장이 맞아 죽은 것이라 보고 때린 강의손을 정범으로 지목했다.
반면, 2차 검시를 맡은 복검관 정술인鄭述仁은 언 땅에 추락해 내장 계
통이 다친 것을 사망의 결정적 원인이라 파악하고 백만장을 방에서
끌어내 뜰에 내다 꽂은 강문행을 정범으로 삼았다. 사망 원인이 애매
하자 결국 3차 검시가 이뤄졌으며 삼검三檢에서는 복검에서와 동일한
결론이 나왔다.

결국 피해자에게 결정적 해를 끼친 자로 지목된 강문행만 옥에 갇
히고 강의손은 풀려난 상태로 사건 처리가 지체되고 있었다. 다산은
사건 정황 등을 면밀히 분석해 김일택 옥사에서와 마찬가지로 강문행
에게만 책임을 묻는 것은 부당하다는 의견을 피력했고, 결국 강문행
은 정상이 참작되어 감형의 은혜를 입었다. 두 사람 이상이 연루된 사

건에서 행여 한 명만 부당하게 죄를 뒤집어쓰는 일은 없어야 한다는 것이 다산의 생각이었을 테다.

마지막으로 수안군 최주변 옥사는 다산이 직접 복검관으로 참여한 사건이었다. 규정에 의하면, 살인 사건이 발생한 경우 해당 고을의 수령이 변사체에 대한 1차 검시(초검)를 실시하고, 정확한 사망 원인을 알아내고자 이웃 고을의 수령이 2차 검시(복검)를 하는 것이 원칙이었다. 최주변 옥사는 두 건의 살인이 연속해 일어난 사건으로, 1차는 수안군의 창고지기 최주변이 민성주閔成柱란 자와 장난치며 놀다 싸움이 붙었고 민성주가 휘두른 칼에 발목을 찔려 한 달 만에 사망한 내용이었다. 이후 최주변의 아내 안安 조이가 남편의 복수를 위해 민성주의 목을 칼로 찌르고 다듬이 방망이로 머리와 얼굴을 마구 때려 죽게 한 2차 사건이 발생했다. 여기서 논란의 핵심은 안 조이의 살인을 남편의 복수를 위한 의로운 행위로 간주해 정상을 참작해야 하는지 여부였다.

수안군수 남속南涑은 초검 문서에서 안 조이가 비록 살인자이긴 하나 남편의 복수를 한 열녀烈女라며 높게 평가했다. 반면, 다산은 이 사건을 조사하면서 안 조이의 행위를 두둔하지 않았다. 아내가 남편의 원수를 갚는 일은 강상綱常(삼강三綱과 오상五常을 아울러 이르는 말로, 사람이 지켜야 할 도리를 뜻함)의 대의大義에서 나온 행동이므로 절개를 높게 평가하는 데는 동의하지만, 안 조이의 행위가 그 자체로 용서받을 수 있는 복수살인과는 다르다는 것이었다. 최주변의 사망은 사소한 장난에서 비롯되었고 그 상처도 복사뼈 아래를 다친 데 불과할 정도로 심하지 않아 한 달이나 살아 있었다는 점, 안 조이의 범행이 최주변의 상해보다 백배나 심할 정도로 참혹해 의도가 악독하다는 점이 그 이유였다.

그러나 엄중 처벌을 요구한 다산의 판단과 달리 초검관의 의견이 받아들여졌고, 결국 황해감사는 안 조이를 무죄 석방하고 만다. 감사가 다산의 복검 보고서를 자세히 살피지 않고 급하게 처리한 것이었다. 뒤늦게 감사는 자신의 처분을 후회했고, 석방된 안 조이가 외간 남자와 사통私通한 사실까지 드러나 세간의 비난을 받았다. 이 사건은 비록 다산의 뜻대로 옥사가 처리되지는 않았지만, 살인자를 의로운 복수를 한 인물로 종종 치켜세우던 당시의 잘못된 판단과 사건 처리 관행의 문제점을 잘 드러내고 있다.

제2부

정약용이
바라본 지방사회
형정의 실상

법률 경시 풍조가 만연한 지방사회

"법은
임금의 명령이다"

　　　　　　　　　　　　　다산은 10년 남짓의 짧은 관직 생활
을 마감하고 순조 첫해부터 경상도 장기현을 거쳐 전라도 강진현에
서 18년 동안 유배 생활을 해야 했다. 하지만 그는 좌절과 절망 속 고
립무원의 유배지에서도 스스로를 다독이며 학문적으로 눈부신 성취
를 거두었다. 이 시기에 쓴 많은 저작 가운데 특히『목민심서』와『흠
흠신서』는 그가 유배지에서 목격한 탈법과 부정의 현장, 형장 남용으
로 얼룩진 형정의 실상, 세금으로 고통받던 백성의 피폐한 생활상 등
을 잘 담고 있다. 따라서 이 두 저술을 바탕으로 당시 지방사회의 법
집행에 어떤 문제점이 있었는지, 법치와 정의를 실현하기 위해 다산
이 주장한 시급한 대책에는 어떤 것들이 있었는지 살펴보고자 한다.

'대공흠재(大公欽哉) 면수법문(勉守法文)'은 『속대전』에 실려 있는 글로, 형조 관리들을 훈계하기 위해 영조가 직접 짓고 쓴 글이다. 이는 공정하게 사건을 처리하고 법조문을 잘 지키라는 뜻이다. 국립중앙도서관 소장.

먼저 조선왕조는 건국 초 중국 명나라의 『대명률』을 받아들여 국가 운영의 기본 형법전으로 활용했다. 단, 『대명률』 규정 가운데 조선 현실에 맞지 않거나 법규를 새로 만들 필요가 있는 경우 그때그때 국왕이 새로운 수교受敎를 내렸다. 이렇게 새로 만든 법규는 요즘 개념으로 치면 특별법이라 할 수 있으며, 『대명률』은 조선시대 일반법으로서 기능했다.

조선왕조 500년 역사를 살펴보면, 현행 법령들을 모으고 왕조의 통치 질서를 정비하기 위해 여러 차례 법전 편찬 사업이 진행되었다. 특히 18세기 영조·정조 시기에는 흐트러진 기강을 바로잡고 왕조체제를 정비하고자 법전 편찬 사업은 물론, 사법제도 전반에 대한 개혁이 활발히 추진되었다. 그중에서도 영조는 조선 전기 『경국대전經國大典』 간행 이후 200여 년 만에 새롭게 『속대전續大典』을 편찬했으며, 형사제도 개선 조치와 함께 정치범을 대상으로 한 각종 가혹 행위 및 악형惡刑을 금지시켰다.

영조의 뒤를 이은 정조 또한 사법제도 정비를 왕정王政에서 가장 시급히 처리해야 할 일 가운데 하나로 인식했다. 정조가 즉위 직후 형구刑具 규격을 세밀히 규정한 『흠휼전칙欽恤典則』을 만들어 법 집행 관리들에게 배포하게 하고, 형조의 소관 사무와 연혁을 체계적으로 정리한 『추관지秋官志』를 편찬하게 한 것이 대표적이다. 정조는 특히 살인 등 중범죄자에 대한 판결을 신중히 하고자 역대 국왕들이 크게 관심을 두지 않았던 옥안獄案을 경전 보듯이 읽은 것으로 유명하다. 이러한 정조의 노력은 재위 기간 그가 판결한 사건을 모아놓은 『심리록』에서 확인할 수 있다.

이처럼 18세기 국가 차원에서 실시한 형정 정비 작업은 반짝 성과를 거둔 것이 사실이다. 하지만 누적된 문제들이 하루아침에 해결될 수는 없었고, 더욱이 정조가 승하한 뒤 세도정치라는 혼란 속에서 중앙정부의 통제력이 느슨해지자 지방사회 법 집행의 난맥상과 지방관들의 불법·탈법 행위가 여기저기서 노출되었다. 비판적 지식인인 다산은 이를 그냥 지나칠 수 없었다. 먼저 법에 대한 다산의 인식을 『목민심서』의 다음 글귀에서 확인할 수 있다.

법이란 것은 임금의 명령이니, 법을 지키지 않음은 곧 임금의 명령을 좇지 않는 것이다. 신하 된 자가 감히 그렇게 할 수 있겠는가?

　　　　　　　　　　　• 『목민심서』「봉공奉公」'수법守法' 중에서.

『증수무원록』은 『무원록』을 수정, 보완한 책으로
조선 후기 변사체 검시에 관한 지침서로 쓰였다.
국립중앙도서관 소장.

　이렇듯 다산은 법을 국왕의 명령으로 규정짓고 철저히 지킬 것을
강조했는데, 여기서도 그의 준법 의식과 법에 대한 신념이 엿보인다.
　고을 수령인 목민관은 관내 고을에서 일어나는 다양한 분쟁을 조
정하기 위한 재판을 주관해야 했다. 또 아무리 큰 형사 사건이라도 그
처리는 일차적으로 관의 몫이었기에 사건 관련자들의 생사生死가 거
의 전적으로 수령에게 달려 있다고 해도 과언이 아니었다. 따라서 고
을에서 벌어지는 분쟁들을 조정해야 하는 목민관에게 풍부한 법 지식
은 필수 덕목이었지만 당시 현실은 전혀 그렇지 못했다. 다산의 진단
에 따르면, 사대부들이 기껏해야 과거시험과 관련한 사부詞賦에만 힘
쓰고, 한가로이 시간을 보낼 때는 노름의 하나인 마조강패馬弔江牌 놀
이나 할 뿐 기본 법전인 『대명률』과 『속대전』, 법의학서인 『세원록洗冤

『錄』*조차 제대로 읽지 않았다.

　조선의 관직 체계상 사대부가 과거시험에 합격해 6품 벼슬에 오르면 작은 고을의 현감으로 나갈 수 있었는데, 평소 법에 무지한 자가 고을의 사법행정을 책임지는 군현 수령으로 파견되는 현실이 다산의 눈에는 안타깝기 그지없었다. 다산은 『목민심서』에서 목민관이 될 자는 앞서 언급한 법전은 물론 『만기요람萬機要覽』**, 『비변사등록備邊司謄錄』***, 『고사신서攷事新書』**** 등 정사에 도움이 될 서적들을 미리 읽은 뒤 요긴한 부분을 뽑아 한 권의 책으로 만들어 필요할 때마다 참고하는 자세를 갖추어야 한다고 역설했다. 하지만 이와 같은 그의 바람이 실현되기엔 요원한 현실이었다.

* 중국 송나라 송자(宋慈. 1186~1249)가 법의학적 지식과 실무 경험, 절차 등을 정리해 편찬한 법의학서. 원나라 왕여(王與. 1261~1346)가 저술한 『무원록(無冤錄)』의 기본 참고서 역할을 했다.
** 1808년(순조 8) 서영보(徐榮輔), 심상규(沈象奎) 등이 왕명에 따라 편찬해 올린 책. 국왕이 정사를 행할 때 곁에 두고 참고하려고 만든 책으로, 조선 후기 재정 및 군정에 관한 사항을 모아놓았다.
*** 조선 중기 이래 국정의 핵심 업무를 담당한 최고 의결기관인 비변사(備邊司)에서 매일 매일의 업무 내용을 기록한 책.
**** 조선 후기 문신이자 학자인 서명응(徐命膺. 1716~1787)이 1771년(영조 47) 어숙권(魚叔權)의 『고사촬요(攷事撮要)』를 개정·증보한 책으로, 사대부는 물론 관리와 일반 선비들도 반드시 기억하고 있어야 할 사항들을 기록해놓았다.

비리 관리들에 의한 피해는
고스란히 백성에게로

이렇듯 다산은 관리들이
법률을 등한시하고 법전 등 관련 서적을 평소 제대로 읽지 않는 세태
를 강한 어조로 비판했다. 그리고 실제로 한 도道를 책임지고 권한이
수령보다 몇 배나 큰 관찰사가 법령을 정확히 꿰고 있지 않아 문제가
생기곤 했는데, 다산은 1775년(영조 51) 5월 전라도 광주에서 발생한
풍헌風憲 최구첨崔具瞻의 독동禿同 구타치사 사건을 그 예로 소개하고
있다.

이 사건은 백성들에게 환곡을 나눠주는 과정에서 발생한 것으로,
당시 최구첨은 환곡 분배를 담당하고 사노私奴 독동은 보조를 맡았다.
그런데 두량斗量을 균등히 하지 못하는 독동에게 화가 난 최구첨은 곡
식을 나눌 때 쓰는 말로 그를 폭행했고, 이틀 뒤 독동이 사망하고 말
았다. 이로 인해 최구첨은 10년 가까이 감옥에 갇혀 고초를 겪었는데,
다산은 전라도 관찰사가 법률에 밝지 못해 해당 사건의 처리가 지체
된 점을 강하게 비판했다. 즉, 해당 사건은 관리가 공무를 행하다 사
람을 죽게 한 경우이므로 『대명률』 규정에 의거해 최구첨을 장 100대
와 도형徒刑 3년에 처하고, 아울러 죽은 독동의 장례비 40냥을 추징하
는 것으로 끝냈어야 한다는 주장이었다. 다산이 이 사건을 소개한 이
유는 관찰사나 수령이 법률 조문을 제대로 읽지 않아 옥사가 지체되
고 그 해독이 백성에게 그대로 돌아가고 있는 현실을 보여주기 위함
이었다.

관리들이 법률 공부를 등한시하는 문제 외에도, 아전들의 비리와 횡포 또한 지방사회 소송 및 재판 운영의 난맥을 가져온 주요 원인이었다고 할 수 있다. 당시 군현 백성들은 억울한 사정을 적은 민원이나 고소장을 내려고 관아까지 가는 일이 쉽지 않았다. 그 이유로 다산은 다음 세 가지를 들었다. 첫째, 백성들의 원성을 사는 자가 대부분 아전이거나 향청에서 근무하는 좌수座首, 별감別監 같은 고을의 실력자였기 때문이다. 권세 있는 아전이나 간악한 향승鄕丞의 비리 또는 잘잘못을 이야기했다 오히려 이들의 노여움을 사게 될까 두려워 감히 고소장을 내지 못하는 것이었다. 둘째, 백성들이 글을 몰라 자신의 어려움을 하소연하기가 쉽지 않았기 때문이다. 다산에 따르면, 향촌 백성의 경우 고소장을 대개 서당 훈장에게 부탁해 작성하는데, 훈장의 법률 문서 작성 수준이 높지 못하다 보니 고소인의 절박한 사정을 제대로 담아내지 못하는 일이 허다했다. 마지막으로 재판정의 고압적인 분위기도 백성의 말문을 막는 이유가 되었다. 백성이 여러 어려움을 극복해 간신히 관청에 고소장을 제출한다 해도 자신의 억울함을 허심탄회하게 이야기하기가 쉽지 않았다. 관청 노졸奴卒들이 좌우에서 매질을 해대고, 소송 상대인 교활한 아전이나 토호가 청산유수로 말을 해대는 통에 주눅이 들기 십상이었던 것이다.

이런 이유들로 백성의 하소연이 가로막히는 현실에서 백성이 관청을 부모 집처럼 편하게 찾을 수 있으려면 수령의 어질고 지혜로운 처사가 절실했다. 이에 다산은 송사가 벌어지면 마치 어린아이의 병을 살피는 것처럼 백성의 눈높이에 맞춰 진위를 파악한 다음 가려운 곳

관아에서 원고와 피고가 입회한 가운데 재판을 진행하는 모습. 김윤보 그림. 『형정도첩』 수록.

을 긁어주듯이 처리해야 한다고 강조했다. 쓸데없이 위엄을 드러내지 말라는 뜻이었다. 또한 백성의 원성을 사는 간교한 아전들을 잘 단속해야 한다면서 특히 백성이 올린 소장을 아전들이 보고하는 관행을 없애야 한다고 주장했다. 백성이 훈장 등 남의 손을 빌려 자신의 절박한 사정을 고소장에 어렵게 적어 내도, 아전이 그 고소장에서 알맹이를 빼버리고 끝부분만 정리해 수령에게 보고하는 경우가 태반이었기 때문이다. 다산은 이런 상황에서는 송사 처리에 밝은 귀신같은 수령이라도 시시비비를 가리기 어려우니 아전에게 맡기지 말고 수령이 직접 백성의 소장을 하나하나 살펴봐야 한다고 강조했다.

이를 위해 다산은 수령이 평소 법률을 숙지해야 함은 물론, 실제 재판에 임할 때는 특히 두 가지 태도가 중요하다고 언급했다. 먼저, 아전과 기생 등 아랫사람에게 소송을 맡기지 말고 자신이 직접 챙기라는 것이었다. 한낱 서리胥吏의 입만 쳐다보거나 총애하는 기생의 손에 따라 판결을 번복하는 일이 있어서는 곤란하다는 의미였다. 다음으로 옥사를 공평무사하게 판결함으로써 백성의 신뢰를 회복해야 한다는 것이었다. 공평무사하다는 말은 신중하면서도 명쾌하고(명신明愼), 지체하지 말며(무체無滯), 의심이 없도록 하고(무의無疑), 원성을 사서는 안 된다(무원無冤)는 뜻이다. 여기서 우리는 다산이 법률을 중시할 뿐 아니라, 재판에 임하는 목민관의 공정한 자세도 강조하고 있음을 알 수 있다.

목민관이 갖춰야 할
바른 자세와 마음가짐

다산이 살았던 조선 후기는 지주제의 변동과 상품경제의 발전 등 사회 전반적으로 변화가 가속화되면서 향촌사회에 분쟁과 다툼이 증가했고, 수령들은 관내 백성의 다양한 갈등을 처리하느라 분주했다. 19세기 고을 백성들이 올린 소장을 모아놓은 『민장치부책民狀置簿冊』을 보면 엄청나게 많은 소장이 접수, 처리되었음을 알 수 있다. 한마디로 조선 후기는 '소송의 홍수'라고 할 만큼 민장民狀(백성의 송사와 청원에 관한 서류)이 다양했고, 목민관에게 민원 및 소송 처리는 중요한 일과 가운데 하나였다.

조선 후기에 가장 큰 사회문제로 인식된 소송 중에는 묘지를 둘러싼 산송山訟이 있었다. 산송은 유교적 장례문화의 확산에 따른 문중 선산에 대한 보호 의식, 풍수지리 사상 등이 주요 원인이었다. 많은 고을에서 묘지 관련 소송이 심각한 양상으로 전개되었을 뿐 아니라, 그 처리 또한 쉽지 않아 수령에게 산송은 큰 골칫거리였다.

당시 "기생집, 즉 기방과 묘지는 나중에 들어간 자가 주인"이라는 말이 있을 정도로 남이 써놓은 묘지 근처에 몰래 조상의 묘를 모시는 경우가 적지 않았는데, 남의 묘소를 빼앗았다는 의미로 이를 투장偸葬이라고 했다. 이런 일이 비일비재하자 문중 사람들은 선산에 투장된 묘를 관의 허가 없이 무단으로 파버리는 사굴私掘 행위를 일삼았고, 심지어 장례 행렬을 직접 공격하는 벌상伐喪 등 양측 간 물리적 충돌이 발생하곤 했다. 다산이 『목민심서』에 당시 벌어진 투구살鬪毆殺, 즉 요즘 표현으로 폭행치사의 절반이 산송 때문에 일어난 것이라고 언급한 부분을 보면 조선 후기 산송 폐해가 얼마나 심각했는지 알 수 있다.

산송 외에도 전답과 노비 같은 재산 소유권 다툼, 빚을 둘러싼 채권·채무 문제, 군포와 환곡 등 세금 관련 민원이나 청원도 적지 않았다. 문제는 소송을 대하는 수령의 태도가 안이하기 이를 데 없다는 점이었다. 다산이 보기에 수령들은 전후 사정을 명확히 파악해 결론을 분명하게 도출해내는 것이 아니라, 임시방편적으로 판결을 내리는 데만 급급했다. 이 때문에 많은 백성이 수령의 판결을 '숙녹피熟鹿皮', 그

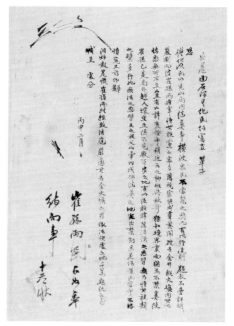

1896년 충청도 임천군수에게 올린 소송 단자로, 묏자리 다툼에 관한 내용이다. 국립민속박물관 소장.

리고 수령을 '반실태수半失太守'라며 비웃었다. 익힌 노루 가죽인 숙녹피는 신축성이 좋아 사방으로 잘 늘어나는데, 어떤 때는 이렇게 판결하고 또 어떤 때는 다르게 판결하는 수령의 모습을 숙녹피에 빗댄 것이다. 반실태수란 절반을 잃는 수령이라는 의미로, 재물을 다투는 소송에서 수령이 사리를 정확히 분별해 시비를 가리기보다 양측이 절반씩 잃고 물러가라는 식으로 적당히 판결하곤 해 나온 표현이다.

사실 다산이『목민심서』,『흠흠신서』에 재판에 임하는 목민관의 올바른 자세를 자세히 언급한 것은 민정民情을 어루만질 일차적 책임이 바로 이들에게 있었기 때문이다. 다산은 무엇보다 송사를 대하는 수

령의 자세를 중시했는데, 이때 수령이 갖추어야 할 덕목으로 정성을
다하는 성의誠意, 홀로 있을 때도 마음가짐과 행동을 참되게 하는 신
독愼獨을 꼽았다. 평소 홀로 있을 때 몸가짐을 단정히 해야 송사에 임
해서도 정성을 다해 공정하게 처리할 수 있다는 의미다. 이는 또한 물
흐르듯 거침없이 송사를 처리하는 것은 타고난 재능을 가진 자만 가
능한 일이므로 조금 늦더라도 하나하나 따지고 마음을 다해 심리에
임하라는 뜻이기도 하다. 덧붙여 그는 의를 저버린 채 재물을 탐내는
가족이나 친족 등 골육 간 재산 분쟁은 인륜에 어긋나는 행위인 만큼
풍속을 바로잡는다는 마음으로 소송을 들어주지 말고 오히려 소를 제
기한 이들을 엄하게 처벌할 것을 권했다. 고을의 풍속 교화가 다툼을
중재하는 일보다 중요하다는 이유에서였다.

　한편 다산은 살인 등 형사 사건을 처리할 때 공평무사한 자세 외에
도 '흠휼欽恤'의 마음가짐이 특히 필요하다고 강조했다. 흠휼이란 두
려워하고 불쌍히 여기는 마음을 가리킨다. 즉, 법관은 판결을 통해 사
람을 죽게 할 수도 있으니 하늘을 두려워하는 마음으로 옥사를 맡아
야 하며, 죄수가 행여 억울하게 처벌받는 일이 없도록 항상 불쌍히 여
겨야 한다는 의미다.

　세부적으로는 사건 수사와 신문을 할 때 중요한 기법으로 '오청五
聽'을 언급했다. 오청은 거짓말할 때 말이 장황해지는 것을 살피는 사
청辭聽, 얼굴빛의 변화를 통해 거짓 여부를 살피는 색청色聽, 당황했을
때 호흡이 거칠어지는 것을 살피는 기청氣聽, 말을 제대로 알아듣는
지 여부로 용의자 마음의 평정을 살피는 이청耳聽, 눈빛의 변화로 진

법정에서 여자 죄수의 손가락 사이에 나무막대를 끼워 손가락을 조이는 고문을 하는 모습. 명나라 때 『옥결기(玉玦記)』 수록.

실 여부를 알아내는 목청目聽을 가리킨다. 오청은 『주례周禮』*에 나오는 내용으로, 다산은 『흠흠신서』에 이를 인용하면서 용의자를 신문할 때 이 다섯 가지 행태를 살피면 거짓말하는 자를 가려낼 수 있다고 했다. 이에 덧붙여 기색氣色 관찰에 과하게 의존하면 선입견으로 도리어 그릇된 판단을 할 수 있다는 경고의 말도 잊지 않았다. 요컨대 뛰어난 법학자답게 다산은 목민관이 평소 지녀야 할 법적 소양과 마음가짐뿐 아니라, 수사 및 재판 실무에 필요한 일종의 정보까지 아울러 제시하고 있다.

* 중국 주나라의 사회 조직과 정치 제도에 대해 서술한 유학의 경전으로 『의례(儀禮)』, 『예기(禮記)』와 함께 삼례(三禮)라고 한다.

백성 편에 서서 백성을 감화한 명재판관들

재판에 임하는 수령의 자세를 강조한 다산은 곧고 바른 판결을 이끈 관리들의 일화를 여러 개 소개함으로써 각 목민관이 귀감으로 삼을 수 있게 했다. 그중 하나가 권엄權襨(1729~1801)이 한성판윤 시절에 처리한 사건이다.

당시 어의 강명길康命吉은 정조의 총애를 믿고 방자하게 행동해 관리들과 백성의 원성을 사곤 했다. 하루는 강명길이 도성 서문 밖 교외에 땅을 사 부모의 묘를 이장했는데, 그 산 아래에 오래된 민가 수십 호가 자리하고 있었다. 그는 이들 민가마저 몽땅 사들여 10월 추수를 마친 후 집을 비우고 나가겠다는 약속을 받아냈다.

그런데 그해 가을 흉년이 들어 백성들이 약속을 지키지 못하자 강명길은 이를 한성부에 고소하기에 이르렀다. 이때 권엄은 백성들을 쫓아내달라는 강명길의 고소를 들어주지 않았다. 이 소식을 들은 정조는 승지 이익운李益運을 불러 권엄을 잘 달래서 다시 한성부로 관련 고소가 들어오면 강명길의 요구를 들어주게 하라고 일렀다. 그러나 권엄의 판결은 단호했다. 그다음 날 강명길이 다시 고소했으나 권엄은 종전 판결대로 백성들을 몰아내는 데 반대했다. 흉년으로 굶주림과 추위가 뼈에 사무칠 지경인 백성들을 몰아내는 일은 길바닥에서 죽게 하는 것과 마찬가지라는 이유에서였다. 자신이 국왕으로부터 처벌받을지언정 백성들이 나라를 원망하게 둘 수는 없다는 생각으로 버티던 권엄을 많은 관리가 걱정스러운 눈길로 지켜봤다.

서울 광화문광장에 있는 해태상. 해태는 선악을 구별하고 정의를 지키는 전설 속 동물로 정의와 법을 상징한다.

이 일이 있고 얼마 뒤 정조는 이익운에게 "내가 가만히 생각해보니 판윤의 처사가 참으로 옳았다. 판윤 같은 이는 만만치 않은 사람이다. 경은 아마 그렇게 못 할 것 같다"며 권엄의 처신을 높게 평가했다. 국왕의 위세를 등에 업고 전횡을 일삼는 자에 맞서 오직 백성을 위하는 마음으로 송사를 처리한 권엄이야말로 다산이 생각하는 바람직한 재판관의 전형이었을 것이다.

선조 대 전라도 관찰사 신응시申應時의 판결도 흥미롭다. 불교에 빠진 남원의 한 부유한 백성이 가산을 다 바쳐 부처를 섬기고 만복사萬福寺에 전답을 모두 시납한 끝에 굶어죽고 말았다. 그에게 아들이 한 명 있었는데, 아버지가 전 재산을 바치는 바람에 빌어먹을 수밖에 없었고, 결국 아버지가 시납한 전답을 돌려받기 위해 관에 소장을 올렸다. 하지만 여러 차례 패소하자 감사 신응시를 찾아가 호소하기에 이르렀다. 신응시는 해당 사건의 소장 말미에 손수 판결하기를 "전답을 시납한 것은 본래 복을 구하는 일인데, 몸은 이미 굶어죽고 자식은 빌어먹으니 부처의 영험 없음을 이에 의거해 판결할 수 있다. 전답은 그 주인에게 돌려주고 복은 부처로부터 받으라"고 했다. 종교에 빠져 저지른 잘못된 행위를 바로잡아 가족이 새로운 삶을 영위할 수 있도록 한 훌륭한 판결이라는 점에서 도내 많은 백성이 신응시의 처분을 통쾌하게 여겼다고 한다.

다산은 숙종 대 동래부사 이세재李世載(1648~1706) 또한 송사를 잘 처리한 수령으로 꼽았다. 이세재는 지친至親, 즉 가까운 친족끼리 송사를 벌이는 경우 양쪽을 모두 엄히 처벌해 다시는 골육 간 분쟁으로 풍속을 해치는 일이 없도록 경계했다. 또한 묘지를 둘러싼 송사가 있으면 먼저 묏자리를 봐주어 분란의 원인을 제공한 지관地官을 처벌했으며, 금령禁令에도 소를 잡는 백성이 있으면 적당히 돈으로 속죄하는 것을 허락지 않고 도둑을 다스리는 엄한 법률로 일벌백계했다. 이외에도 홍산현감 이시현李時顯, 나주목사 이몽량李夢亮, 양주목사 홍혼洪渾, 안동부사 김상묵金尙黙, 광주유수 김사목金思穆의 판결을 바람직한 사례로 제시했다. 전체적으로 다산은 백성의 편에 서서 많은 백성을 감화하는 명판결을 내릴 수 있어야 훌륭한 목민관이라고 믿었다.

한편 사건 관련자의 기색을 잘 살펴 형사 사건의 범인을 알아낸 숙종, 중종 대 김해부사 박영朴英의 일화가 『흠흠신서』에 실려 있다. 부사 박영이 어느 살인 사건을 조사하던 중 남편 시신 앞에서 곡을 하는 부인의 목소리를 듣고 남편을 살해한 범인임을 알아차린 일화였다.

즉, 곡소리에 슬픈 기색이 없고, 변사체 검시 때 두려워하는 얼굴빛을 띠던 부인을 수상히 여긴 박영이 시신에서 살해 증거를 찾아내 부인으로부터 자백을 받은 것이었다. 알고 보니 부인이 사통한 외간남자와 함께 남편을 살해한 범죄였다.

다산은 이처럼 명판결 사례를 제시함으로써 당대 고을 수령들도 곧은 자세로 재판에 임해 많은 백성에게 감동을 주는 올바른 판결을 내려주길 기대했다.

형장 남용과 열악한 환경의
죄수 관리

형벌 집행의 기본 원칙이
절실하다

관리들이 법률 공부를 제대

로 하지 않는 현실을 강하게 성토하던 다산은 현장에서 더욱 심각한

문제를 목도했다. 바로 고을 수령들이 백성에게 마음대로 형장을 남

용해 형벌 집행이 도를 넘고 있다는 점이었다. 다산이 『목민심서』에

서 지적한 지방사회 형장 남용의 실상은 탈법과 불법 그 자체였다.

원래 법에는 고을 수령이 자체적으로 집행 가능한 형벌권에 제한

이 있었다. 조선시대 형벌은 태형笞刑, 장형杖刑, 도형徒刑, 유형流刑, 사

형死刑 등 오형으로 구성되었으며 수령은 이 가운데 태라는 가느다란

회초리로 10대부터 최대 50대까지 죄인의 볼기를 치는, 가장 가벼운

형벌인 태형만 집행할 수 있었다. 수령의 형장 집행 권한이 우리가 짐

여자 죄인에게 회초리를 치
는 모습. 김윤보 그림. 『형정
도첩』 수록.

작하는 것보다 크지 않았음을 알 수 있는데, 이는 중국 명·청 시대에
주·현의 수령이 장형 100대까지 스스로 결단하던 것에 비해서도 작
았다. 군현 지방관이 무소불위 권력을 행사할 경우 그 폐해가 고스란
히 백성에게 돌아갈 수 있기에 이를 견제하고자 수령의 형벌권을 제
한한 것이었다. 또한 관찰사의 형벌권도 유형까지로 제한되었고, 법
정 최고형인 사형은 오직 국왕만 판결할 수 있었다. 따라서 수령은 관
내 살인 등 강력 사건을 수사하면서 관련자들을 신문할 때도 반드시
관찰사의 허가를 받아야 고문이 가능했으며, 중범죄의 경우 관찰사의
지휘 아래 수령이 수사를 끝내면 조정에 보고한 뒤 국왕의 최종 판단
을 기다려야 했다.

이런 상황에서 다산은 수령들에게 형벌을 신중히 해야 한다고 강조하는 동시에 사안에 따라 형벌의 강약을 조절할 것을 당부했다. 다산은 기본적으로 민사民事에는 큰 상처를 주는 엄한 상형上刑을 집행하고, 공사公事에는 다소간 고통을 주는 중형中刑을 시행하며, 관사官事에는 법의 위엄을 나타내는 정도의 가벼운 하형下刑을 시행해야 한다고 봤다. 마지막으로 사사私事, 즉 사사로운 일에는 형벌을 시행하지 말라고 했다.

구체적으로 민사란 전세, 부역, 군포, 환곡, 재판 등 백성의 삶과 직결된 사안으로, 다산은 아전이나 면리임面里任(지금의 면장에 해당하는 면임面任과 동장·이장에 해당하는 이임里任을 말함)이 농간을 부리고 백성에게 폐를 끼치는 행위를 한 경우 다른 사안보다 엄하게 상형으로 다스릴 것을 권했다. 상형을 가할 때도 두 등급으로 나누어, 형벌을 너그럽게 해 법을 좋게 할 목적이라면 피가 보일 정도로 태형 30대를 치고, 형벌을 엄하게 해 위엄을 세울 목적이라면 태형 50대에 피를 보거나, 군대에서 쓰는 작은 곤장(소곤小棍)으로 7대를 치는 것이 좋겠다고 했다.

공사는 조운漕運, 세곡 운송, 진상품 납부 등 조정이나 상급 관청에 부세 및 문서를 내는 일과 관련된 사안으로, 다산은 아전 또는 면리임이 포흠逋欠 등으로 손실을 입히거나 기일을 어기는 잘못을 저지른 경우 민사보다 약한 중형을 시행하라고 권고했다. 그리고 중형도 상형처럼 두 등급으로 나누었는데, 가볍게 할 경우 태형 20대를 힘껏 치고 무겁게 할 경우 태형 30대를 힘껏 치거나 고문에 쓰는 신장訊杖(죄인을 신문할 때 쓰던 몽둥이)으로 10대를 때리게 했다.

관사는 관내 여러 제사나 손님 접대, 수령 모시는 일 등 고을 사무와 관련된 사안으로, 다산은 아전들이 삼가거나 부지런하지 않아 법령에서 어긋난 행위를 한 경우 제일 가벼운 형벌인 하형을 시행할 것을 권했다. 마찬가지로 하형도 두 등급으로 나누어, 가볍게는 태형 10대에 따사로운 말로 훈계하는 정도로 하고, 무겁게는 태형 20대 혹은 장형 15대를 가하라고 했다.

마지막으로 사사는 수령의 개인적인 일과 관련된 것으로, 다산은 수령 부모의 제사 혹은 수령의 부인이나 자식에 대한 접대 등을 돕는 노비가 잘못을 저지른 경우 매 한 대, 회초리 반 대도 시행해서는 안 된다고 강조했다. 이에 대해 다산은 다음과 같은 가정을 들었다. 즉, 수령의 아버지가 병이 들어 의학지식이 있는 의리醫吏에게 약을 달이게 한 상황에서 만약 의리가 피곤해 졸다 인삼, 녹용이 든 귀한 약을 모두 태워버렸다면 의리를 어떻게 다스릴 것인가? 다산은 부드러운 말로 타일러야지 엄하게 매질하고 약값을 물어내게 한다면 오히려 역효과가 날 것이라고 경고했다. 따뜻한 말로 허물을 덮어주면 의리는 감격스러워할 테지만, 반대로 매질을 하면 문밖을 나서자마자 수령의 아버지를 저주하면서 빨리 죽기를 원할 테니 이는 결과적으로 아버지에게 불효가 된다는 것이었다.

이렇듯 죄를 진 관속을 다스릴 때도 민사, 공사, 관사로 나누어 특히 백성에게 피해가 가는 잘못을 가장 무겁게 징계하고, 사안에 따라 형벌의 경중을 조절해야 한다는 것이 다산이 주장한 형벌 집행의 기본 원칙이었다. 그는 또 사적인 일은 부드럽게 타일러 경계하거나 침묵을 지켜 용서하는 것이 바람직하며 절대 형벌을 가해서는 안 된다고 강조했다. 그러나 형벌 남용을 철저히 경계한 다산의 기대와 달리 현실에서는 가혹한 형벌이 난무했다.

심각한 형장 남용의 현실

다산은 죄를 지은 아전이나 관속을 다스릴 때도 사안의 경중에 따라 형장을 달리 집행하는 것이 수령의 자세라고 여겼다. 하지만 현실에서는 법도에 맞게 신중히 형벌을 내리는 수령이 많지 않았다. 무엇보다 다산은 관리들이 써서는 안 되는 곤장을 자주 사용하고 있다며 강하게 비판했다. 관리들이 태형과 장형을 집행할 때 쓰는 태와 장, 고문할 때 쓰는 세 종류의 신장으로는 흡족하지 않다고 생각해 이들 형구보다 무겁고 타격 강도가 센, 배를 젓는 노 모양의 곤장을 사용한다는 것이었다.

원래 규정에는 군사 업무와 관련된 사안이 아니면 곤장 사용이 불가하며, 관찰사라 해도 조정 관리를 지낸 사람에게는 함부로 곤장을 쓸 수 없고 이를 어긴 관리는 남형율濫刑律로 처벌받게 되어 있었다. 이에 군사 요충지인 변경이나 해안이 아닌 내지內地에 부임한 수령의 경우 군수, 현감은 말할 것도 없고 이보다 직급이 높은 목사, 부사도 함부로 곤장을 사용할 수 없었다. 하지만 관련 법규를 제대로 알지 못하는 수령들이 죄를 다스릴 때 곤장을 즐겨 쓰곤 해 문제가 되었다. 특히 곤장으로 백성을 죽음에 이르게 한 폭거는 조정에서도 논란이 될 정도로 자주 발생했는데, 숙종 대 유신일兪信一과 정조 대 이여절李 汝節이 그런 경우다.

먼저 강원도 회양부사 유신일이 유생들을 곤장으로 다스려 죽게 한 일은 수령의 형장 남용을 보여주는 대표적 사례다. 이 사건은 1699년(숙종 25) 과거시험을 보러가던 함경도 유생 세 명이 부사 유신일의 행차에 제대로 예를 표하지 않은 데서 비롯되었다. 유생들이 자신을 무시한다는 생각에 화가 치밀어 오른 유신일은 그들을 곤장으로 마구 두들겨 팼다. 군사 업무와 관련된 사안도 아닌 데다, 심지어 과거시험을 준비하는 선비들을 상대로 직권을 남용해 무자비하게 형벌을 가한 것이었다. 결국 유생 한 명이 죽고 나머지 두 명도 죽을 지경에 이르렀다 겨우 살아났다.

유신일 사건이 있고 한참 지나 정조 말기에는 경상도 창원부사 이여절이 부임 이후 여러 가지 구실을 붙여 관내 백성 30명 남짓을 곤장 등으로 마구 매질해 죽인 사건이 발생했다. 이 사건은 1794년(정조 18) 사헌부 지평 남이익南履翼의 상소로 처음 조정에 알려졌고, 이듬해 내용이 심상치 않다고 판단한 정조가 철저한 조사를 위해 암행어사까지 파견했다. 그 결과 이여절이 규격에 맞지 않는 형구로 매질하거나 멋대로 잔혹하게 고문하는 과정에서 죽은 관내 백성이 수년 동안 31명이나 된다는 충격적인 사실이 밝혀졌다.

유신일과 이여절의 사례처럼 수령이 곤장을 사용하는 것도 문제였지만, 관찰사에게 보고하지 않은 채 멋대로 백성을 고문하는 불법 행위도 다반사였다. 수령은 중죄를 지은 자를 고문할 때 신장으로 정강이를 30대까지 때릴 수 있었고 이것도 반드시 관찰사의 허가를 받아야 했다. 하지만 자신의 비위를 건드린다 싶으면 아전이나 좌수·별감, 심지어 예로써 대우해야 할 향교 유생과 문벌 좋은 집안의 자손인 사족士族까지도 제멋대로 신장을 써 고문하곤 했다.

형벌은 곧 나라의 법을 바로세우고자 있는 것인데, 수령이 법과 원칙을 무시하면서 형벌을 남용하는 상황이니 어떻게 법을 밝히고 위엄을 세울 수 있었겠는가? 이는 다산이 수령들에게 던지는 질문이기도 했다. 다산 또한 유학을 공부하는 조선시대 사대부들과 마찬가지로 예로써 백성을 감화하는 일에 힘쓰는 것이 최선이며, 형벌로 백성을 다스리는 것은 말단의 방법이라고 여겼다. 통치를 위해 불가피하게 형벌을 가할 수는 있지만 형장 남용은 풍속을 교화하고 고을을 통치하는 데 결코 도움이 되지 않는다는 것이었다.

지방관들의 곤장, 신장 남용과 함께 또 하나 우려스러운 부분은 도적을 다스릴 때 쓰는 악형을 일반 평민에게도 경솔하게 시행하고 있다는 점이었다. 조선 후기 강도범이나 절도범에게 가하는 무시무시한 고문으로 난장亂杖과 주리周牢가 있었다. 양쪽 엄지발가락을 한데 묶어놓고 발바닥을 치는 난장은 1770년(영조 46)부터 금지되었다. 그러나 정강이 사이에 몽둥이 두 개를 끼운 뒤 벌려서 고통을 가하는 주리는 여전히 남아 있었고 화가 난 수령이 아전과 관속들을 대상으로 종종 시행해 문제가 되었다. 다산은 주리 틀기를 한번 당하면 평생 부모

가새주리를 트는 모습. 막대기 두
개를 가위 모양으로 벌려 정강이를
압박하는 고문이었다. 김준근 그림.
프랑스 국립기메동양박물관 소장.

제사를 지내지 못할 정도로 다리가 망가지는 후유증을 겪게 된다고
언급하면서 절대 이런 악형을 가하지 말 것을 당부했다.

형장을 집행할 때는 부녀자와 노약자를 특별히 배려해야 하지만
현실은 그렇지 못했다. 한 현령縣令이 어느 부녀자에게 형장을 가할
때 옷을 벗겨 볼기를 노출시키라고 명령한 일이 있었다. 이에 부녀자
가 옷을 여미고 일어나 크게 꾸짖으며 현령의 어미와 할미를 들먹이
고 심한 욕설까지 퍼붓는 통에 현령이 낭패를 봤다. 다산은 이 일화를
소개하면서 큰 죄를 저지른 부녀자에게 불가피하게 형장을 집행할 수
는 있지만, 볼기를 치는 일은 신체의 노출을 가져오는 욕스러운 행위
이므로 차라리 신장으로 종아리를 치거나 남편을 대신 매로 다스리

라고 권고했다. 아울러 어린이와 노인, 병든 사람의 경우 법전 규정을 준수해 고문하지 말 것을 당부하기도 했다. 남형을 경계하는 가운데 노약자나 여성에 대한 배려도 잊지 않은 다산의 인품이 엿보이는 대목이다.

죄수에게도 관심을 두는 어진 관리가 필요한 때

다산은 여러 해에 걸친 벼슬살이와 유배지 강진현에서 체험을 바탕으로 당대 지방사회 형정의 실상 및 문제점을 예리하게 진단했다. 그런데 그의 연민은 백성은 말한 것도 없고 옥에 갇힌 보잘것없는 죄수들에게까지 미쳤다. 다산은 『목민심서』「형전刑典」에 '휼수恤囚' 조문을 별도로 두어 당시 감옥에서 행해지던 각종 폐단을 열거하고 죄수들에 대한 목민관의 관심을 당부했다.

먼저 다산은 감옥을 '양계陽界의 귀부鬼府', 즉 이승의 지옥과도 같은 곳이라고 묘사하면서 옥에 갇힌 옥수獄囚들의 고통을 잘 헤아리는 것이 어진 관리의 도리라고 강조했다. 이러한 인식은 그의 경험에서 나왔다고 볼 수 있는데, 다산 자신이 옥고를 치른 바 있어 그 고통을 누구보다 잘 알았던 것이다. 1801년(순조 1) 셋째 형 정약종의 천주교 서적이 발각되면서 천주교와 관련 있는 남인이 대거 체포되었고, 다산 또한 옥에 갇히는 신세가 되었다. 게다가 같은 해 황사영 백서사건

학춤 추는 죄인. 죄인의 팔을 뒤로 꺾어 엇갈려 묶고 공중에 매단 다음 가죽 채찍 등으로 매질하는 고문의 일종이다. 김준근 그림. 프랑스 국립기메동양박물관 소장.

이 일어나 유배지 장기현에서 국문장으로 압송된 그는 다시 한 번 고문을 견뎌야 했다.

다산은 옥살이 고통이 이루 말할 수 없을 정도라고 전제한 후 가장 큰 다섯 가지 고통을 '옥중오고獄中五苦'로 표현했다. 이는 형틀의 고통, 토색질(돈이나 물건 따위를 억지로 달라고 하는 짓)당하는 고통, 질병의 고통, 춥고 배고픈 고통, 오래 갇혀 있는 고통을 가리킨다.

엄밀히 말해 조선시대 감옥은 오늘날로 치면 미결수들이 갇혀 있는 공간이었다. 당시에는 형이 확정되면 신체형에 처해지거나, 특정 지역에서 노역 또는 귀양살이를 하거나, 사형되거나 했을 뿐 지금처럼 감옥에서 징역을 사는 형벌은 없었다. 하지만 옥사가 이루어지면 사건 처리가 지체되기 일쑤였고, 범인뿐 아니라 관련자나 목격자 등도 확정 판결 때까지 기약 없이 옥에 갇히는 체옥滯獄이 빈번히 발생했다. 백성들도 살아가기 빠듯한 상황에서 이들 죄수에게 번듯한 음식과 잠자리를 내줄 리 만무했고, 이 때문에 다산이 열거한 것처럼 감옥에 갇힌 이들은 여러 고초를 겪어야 했다.

『흠휼전칙』에 의하면 조선에서 목에 씌우는 칼인 '가枷'는 죄수 등급에 따라 무게 차이가 있었으며, 수갑인 '추杻'는 칼 위에 양손이 아닌 오른손만 올려 채웠다. 이렇게 목에 씌우는 칼과 손에 채우는 수갑 등 각종 형틀에 갇힌 이들의 고초는 상상 이상이었다. 특히 보통 사람은 칼을 쓰면 내려다보거나 옆을 보는 것이 불가능하고, 생사가 촌각을 다툴 정도로 숨이 고르지 않아 옥졸의 뇌물 요구를 거절할 수가 없었다. 또한 옥에서 벌어지는 토색질과 가혹 행위도 심각한 수준이라 옥졸이 고참 죄수들과 합세해 신참 죄수를 괴롭히고 돈을 뜯어내는 일이 비일비재했다. 다산이 당시 감옥에서 행해지고 있다고 지적한 신고식은 유문례踰門禮, 지면례知面禮, 환골례幻骨禮, 면신례免新禮 등 명목도 다양했다. 1783년(정조 7) 발생한 황해도 해주 감옥의 신참 죄수 박해득朴海得 사망 사건은 옥졸과 고참 죄수들이 돈을 뜯어내려고 신참 죄수를 상대로 가혹 행위를 하다 벌어진 대표적인 토색질 사례였다.

이 밖에 사건 처리가 지체되어 옥중에서 추위와 굶주림을 견디거나 병을 참아야 하는 것도 쉬운 일이 아니었다. 다산은 "옥이란 이웃 없는 집과 같고, 죄수란 걸어 다니지 못하는 사람과 같다"고 비유함

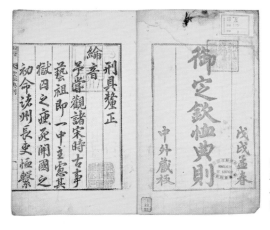

정조 대 편찬한 『흠휼전칙』으로, 사용하는 형구의 규격과 사용 범위를 밝히고 있다. 국립중앙도서관 소장.

으로써 옥에 갇힌 이들이 그만큼 간절하고 절박하게 출옥을 기다린다는 점을 환기하고 있다.

다산은 이 같은 문제들의 해결책을 각각 제시했는데, 먼저 옥사를 지체 없이 처리해야 한다고 강조했다. 영어圄圄의 고통은 하루가 일년 같고, 한 사람이 옥에 갇히면 온 가족이 생업을 폐하게 되니 이보다 심한 재앙이 없다는 이유에서였다. 그는 또한 큰 죄를 저지른 범인이 아니라면 가급적 옥살이를 시키지 말라고 권고했다. 특히 농민이 농사철을 놓치는 일이 없도록 모내기 때나 추수기에는 살인 사건 같은 중대 사건이 발생해도 정범 외에는 가두지 말 것을 당부했다. 불가피하게 옥에 갇힌 죄수의 경우 명절을 집에서 보낼 수 있도록 휴가를 보내주라고 조언했는데, 수령의 은혜를 입은 죄수는 도망가지 않으리라는 믿음이 있었기 때문이다. 다산은 심지어 오랫동안 옥에 갇힌 죄수가 부부관계를 갖고 자손을 낳을 수 있도록 배려해주라고까지 했

다. 수령이 교체되어 고을을 떠나는 날 옥에 갇힌 이들이 대성통곡할
수 있어야 진정으로 어진 목민관이라는 것이었다.

유배인과 고을 백성을
모두 만족시키는 제안

조선시대 각 고을의 수령은 다
른 지역에서 유배 온 죄인들을 관리하는 임무도 맡고 있었다. 유배인
의 생계는 해당 고을에서 책임져야 했기 때문에 정조 대에는 관내 백
성들의 부담을 우려해 한 고을에 유배인 수가 열 명을 넘지 않게 했
다. 그런데 수령이 이들의 측은한 사정을 헤아리지 않아 유배인이 심
한 능멸과 학대를 받는 일이 적지 않았다. 이에 다산은 자신의 오랜
유배 생활 경험을 바탕으로 유배인들에게 집과 곡식을 주어 편안히
머물도록 하는 것이 수령의 책임이라는 점을 환기하면서 이들을 핍박
하는 것은 결코 어진 관리의 정사가 아니라고 강조했다.

다산이 구분한 당시 유배의 유형은 크게 네 가지로 첫째가 당쟁 같
은 정치적 사건에 연루된 공경公卿, 대부大夫 등 관리를 보내는 안치
형태의 귀양, 둘째가 죄인의 친족을 연좌해 보내는 귀양, 셋째가 탐
관오리를 법에 따라 도형徒刑, 유형流刑의 형벌로 보내는 귀양, 넷째가
천류賤流, 잡범雜犯을 관찰사 차원에서 보내는 귀양이었다. 정국이 변
해 대세가 이미 기울면 비록 의정부 정승을 지낸 고위 관리라도 유배
지에서 능멸과 모욕을 받기 십상이었으니 근본이 변변찮고 믿을 만한

배경이 없는 사람의 고통은 말할 필요도 없었다.

유배인들은 위리안치圍籬安置(죄인이 거처하는 집 둘레에 가시로 울타리를 쳐서 가두는 일)에 처해진 것이 아닌 이상 비교적 자유롭게 고을 경내에서 생활할 수 있었지만, 관아에서는 그들이 도망갈 것을 우려해 주기적으로 점고點考를 했다. 다산은 사족과 부녀자를 대상으로 한 점고는 수치심을 느끼지 않도록 최대한 배려하라고 수령들에게 주문했다. 즉, 사족의 경우 가급적 몇 달에 한 번 정도 수령이 직접 점고하고 나머지는 좌수, 별감이나 향리가 대신하라는 것이었다. 특히 처음 귀양 온 사족 부녀자의 경우 얼굴을 가린 채 관아에 들어오게 하고, 수령은 방문을 닫지 말며, 관비官婢를 차출해 호송할 것을 권했다. 또 사족 부녀자가 거주하는 고을을 남자들이 엿보지 못하게 하고, 초하루와 보름에는 관비를 보내 보살피며, 명절에는 쌀과 고기를 보내라고도 했다. 비록 친척이 아니어도 최대한 예의를 갖추어 대우하는 것이 마땅하다는 의견이었다.

다산은 살인 등 형사 범죄를 저지르고 유배된 일반 잡범의 생계에도 주목했다. 그는 탐관오리로서 귀양 온 자는 거처가 후하고 접대가 넉넉할 테니 그다지 돌봐주지 않아도 되지만, 천류나 잡범은 유배지에서 고통이 매우 클 것이므로 더 신경 써줘야 한다고 생각했다. 당시 지방 고을은 유배인을 관리하는 방식이 제각각이었는데, 어떤 고을은 집집마다 날짜를 정해 돌아가며 유배인에게 급식을 제공했고, 또 어떤 고을은 모든 백성으로부터 돈을 거두어 관주館主로 하여금 유배인의 숙식을 책임지게 했다.

그런데 문제는 이런 방식으로는 유배인과 고을 백성이 모두 피곤해 오래 견딜 수 없다는 점이었다. 이에 다산은 곡산부사 시절 유배인과 그들의 생계를 책임지는 고을 백성 양쪽을 모두 만족시킬 수 있는 방책으로 유배인 집단거주시설인 '겸제원'을 고안해냈다. 겸제원은 곡산으로 유배 온 열 명이 함께 거주할 수 있게 한 기와집을 말하는데, 다산은 백성들로부터 걷는 세금 가운데 화속전火粟錢을 따로 떼어 해마다 500냥을 마련했고, 그 돈을 백성 중에서 뽑은 겸제원 관주에게 주어 유배인의 곡식, 반찬, 자리, 그릇 같은 제반 비용으로 지출하게 했다.

다산은 유배인 대우와 관련해 또 하나 흥미로운 제안을 했다. 귀양온 자들을 휴가 보내라는 것이었다. 이는 사실 법에 어긋나는 일이었다. 하지만 다산은 죄가 무겁지 않고 집안이 확실한 유배인에게 휴가를 주는 것은 곧 선정善政이므로 못 할 것이 없다고까지 말했다. 법을 지키되 법조문에만 얽매여서는 곤란하다는 생각. 이는 법과 원칙을 중시하면서도 현실에 맞추어 유연하게 정책을 펼칠 줄 알았던 율학자 다산이기에 가능한 구상이었다고 할 수 있다.

살인 사건 수사와
검시의 문제점

검시의 폐단 및
아전들의 횡포

조선왕조에서 한 고을의 행정권과 사법
권을 모두 쥔 수령이 신경 써야 할 부분으로 살인, 자살 같은 인명人命
사건도 있었다. 사람 목숨이 달린 사건에서 행여 억울한 일을 당하는
이가 생기면 곤란하기도 했지만, 이들 사건은 관찰사를 거쳐 조정 국
왕에게까지 보고되는 사안이라 관련 조사가 부실한 경우 수령이 문책
을 당할 수도 있었기 때문이다. 그래서 고을에서 살인 사건이 발생하
면 변사체 검시와 사건 수사를 위해 수령 일행이 먼저 행차를 하는데,
이때 고을 전체가 풍비박산하는 일이 많아 또 다른 문제가 되곤 했다.
수령 일행이 변사체 검시와 사건 수사를 진행하는 과정에서 관아의
아전 또는 군교軍校들이 함부로 민가를 부수거나 세간을 약탈하는 등

변사체를 검시하는 모습. 김준근 그림. 독일 함부르크민족학박물관 소장.

횡포를 부리는 일이 다반사였던 것이다.

사건 조사라는 명목 하에 살인 사건 가해자인 정범 외에도 증인, 이웃 사람들을 잡아들여 신문을 벌이기도 했는데, 다산은 사나운 아전과 완악한 군교가 이를 빌미로 자주 행패를 부린다고 진단했다. 실제로 이들은 수령이 사건 현장에 행차하기도 전부터 고을을 다니며 솥을 가져가거나 돼지와 소를 끌고 가거나 항아리를 뒤져 백성의 세간을 빼앗고, 늙은이와 어린아이, 과부 할 것 없이 마음대로 잡아들이는 등 온갖 나쁜 짓을 자행했다. 이 때문에 어디서 살인이 났다는 소문만 들려도 놀란 고기떼가 흩어지고 짐승들이 도망가듯, 고을 백성들이 난리를 만난 양 순식간에 모습을 감춰 고을이 텅 비는 일도 있었다.

다산은 지방관으로 있을 때 사건 현장에서 관내 아전들의 비리를 직접 목격한 사실을 토로했다. 곡산부사 시절 그는 여러 차례 살인 사건을 처리하는 과정에서 해당 사건과 관련된 백성이 대부분 법에 무지하다는 사실을 잘 아는 아전들이 법조문상 죽을 만한 죄를 저지른 것이 아닌데도 백성을 협박해 뇌물을 뜯어내는 모습을 봤다. 한 술 더 떠서 이들이 사형을 모면하면 아전인 자신이 힘을 쓴 덕분이라고 생색을 내기까지 했다. 이런 일은 대부분 평생 농사만 지으며 살아온 백성이 법조문에 대해 잘 모르고, 자신의 삶과 죽음이 이들 형리의 손에 달렸다고 믿는 데서 비롯되었다. 다산으로서는 이와 같은 광경이 참으로 안타깝기 그지없었다.

또 다른 문제는 범죄 행위를 직접 본 증인(간증看證) 또는 가까운 이웃(인보隣保) 등 사건 관련자이거나 정범과 연관된 자는 조사 장부에 한번 이름이 올라가면 수사가 마무리될 때까지 옥에 갇혀 큰 고초를 겪는다는 것이었다. 살인 사건에 대한 수사 및 변사체 검시는 한 번으로 끝나는 일이 아니며, 이웃 고을 수령에 의해 3~4차례를 넘기기도 해 옥에 갇히는 기간이 열흘, 한 달, 심지어 여러 달에 이르는 경우도 많았다. 이들은 진술 과정에서 사실대로 말하면 이웃과 원수가 되었고, 간혹 안면이 있다는 이유로 숨겨주면 나중에 수령에 의해 억울하게 죄를 뒤집어쓰거나 형장을 맞기도 했다. 다산은 백성이 옥에 갇혀 조사받는 과정에서 옥졸들에게 돈을 뜯기는 것은 물론, 술값과 밥값, 담뱃값, 연료비 등 옥바라지 비용을 감당하지 못해 가산을 탕진하기 일쑤라는 설명도 덧붙였다.

이어서 다산은 수령들에게 부임 초기부터 아전들이 고을에 폐단을

야기하지 못하도록 철저히 단속하고, 일단 사건이 발생하면 가능한 한 신속하게 처리하기 위해 노력해야 한다고 충언했다. 또한 사건에 직접 연루된 정범과 간범 외에는 옥에 가두지 말며 증인, 이웃, 면리임 등은 신문을 모두 마치면 바로 석방하는 것이 바람직하다고 강조했다. 옥에 갇히는 고통은 하루가 일 년 같은 데다, 한 사람이 옥에 갇히면 온 가족이 생업을 폐할 수도 있다는 이유에서였다.

이 밖에 사건 관련자들을 신문할 때 불법적으로 고문을 가하는 일도 검시 현장에서 자주 발생하는 여러 폐단 가운데 하나였다. 진술을 받을 때 고문하라는 법 규정이 없는데도 행정에 익숙지 않은 수령과 무식한 아전들이 무작정 형장을 가하거나, 붉은 칠을 한 몽둥이인 주장朱杖으로 갈빗대를 예사로 찔러댔다. 결국 가혹한 고문으로 거짓 자백을 받아내 억울한 옥사를 만들기에 이르니, 다산은 이를 두들겨 패서 억지로 만든 옥사라는 뜻에서 '단련성옥鍛鍊成獄'이라 불렀다.

이처럼 여러 군현의 검시 현장에서는 아전들의 횡포를 비롯해 백성이 감당하기 힘든 여러 적폐가 쌓여갔다.

뇌물과 비리로 묻히는 사건들

살인 사건 처리를 둘러싼 폐단이 심각하다 보니 피해자 가족이 사건을 관에 신고하지 않고 개인적으로 처리하는 경우도 적지 않았다. 이처럼 피해자 가족이 가해자 측과 개인적으로 사건을 해결하는 것을 사화私和라고 했는데, 살인이라는 큰 죄를 저지른 가해자가 법의 심판을 받는 대신 돈으로 해결하는 일도 종종 있었다. 『성호사설星湖僿說』에서 이익은 당시 상황을 다음과 같이 지적했다.

> 피살되는 것보다 더 원통한 일이 없으니 살인한 자를 죽이는 것은 법의 가장 급선무다. 따라서 한나라 고조高祖의 '약법삼장約法三章'과 기자箕子의 '팔조목八條目'도 살인한 자를 반드시 죽이는 조문으로 첫째를 삼았다. 그러나 관장官長이 법을 남용해 죽이면 감히 보복하지 못하고, 권세 있는 자가 재물을 써 도모하면 감히 보복하지 못한다. 한번 죽으면 다시 살아나지 못하지만 가난한 백성은 대개 염습과 매장 경비를 걱정하게 되고, 또 관리들이 검시할 적에 접대하느라 재산이 탕진된다. 그러므로 원수의 집에서 뇌물을 받고 사건을 은폐하는 일이 있는데, 이것을 사화私和라고 한다. 아들이나 동생이 아버지나 형의 원수를 보복하지 못하니 교화教化의 퇴패함이 이보다 더할 수 없다.
>
> • 『성호사설』 권11, 「인사문人事門」 '살인법殺人法'.

이익은 위의 글에서 살인 사건이 발생해도 만만치 않은 장례비와 검시 과정에서 가산 탕진의 우려 등으로 피해자 가족이 가해자 측으로부터 뇌물을 받고 사적으로 해결하는 사례가 많다며 이를 강하게 비판하고 있다.

때로는 고을의 나이 많은 어르신과 토호가 피해자 가족의 신고를

『성호사설유선』은 안정복이 스승인 이익의 『성호사설』에서 중요한 부분을 뽑아 편찬한 책이다. 실학박물관 소장.

막기도 했는데, 관에 살인 사건을 고하면 검시 과정에서 아전들의 토색질로 고을 전체가 패촌이 될 우려가 있었기 때문이다. 『목민심서』에서 다산은 민간에서 발생한 살인 사건 10건 가운데 7~8건은 관에 보고되지 않고 숨겨진다고 했다. 이는 다소 과장된 주장처럼 들리지만 그만큼 수면 아래로 묻히는 사건이 상당히 많았음을 짐작게 한다. 고을의 어르신과 세력가는 대부분 범인을 고을에서 쫓아내고 피해자 가족에게 뇌물을 준 뒤 서둘러 시체를 매장해 그 입을 봉해버렸다. 만일 권세 있는 아전과 군교들이 이 사실을 알아채고 협박을 해오면 고을 백성들이 돈 200~300냥을 모아 뇌물로 주고 사건을 무마하기도 했다.

이처럼 사화가 빈발하다 보니 오랜 시간이 지나서야 사건이 드러나는 경우도 있었다. 예컨대 정조 대 경상도 순흥현에서 사노비 치걸致乞이 술에 취해 싸움을 벌이다 김후선金厚先을 때려 엿새 만에 죽게

성호 이익의 묘소는 경기도 안산에 있다. 시도기념물 제40호.

한 사건은 무려 14년이 지나서야 드러났다. 이때 가해자 치걸은 죽은 김후선의 아들 김암회金巖回에게 돈을 주어 사건 무마를 시도했고, 결국 김암회는 아버지가 목을 매 자살한 것으로 꾸며 시신을 묻었다. 그후 김암회는 계속해서 치걸에게 재물을 요구했는데, 어느 순간 더는 들어주지 않자 아버지를 장사 지낸 지 14년 만에 관에 신고해 마침내 사건의 전모가 밝혀졌다.

이렇듯 사건을 개인적으로 해결해 관에 고하지 않는 것도 문제였지만, 수령이 제대로 수사하지 않아 진실이 묻히는 경우도 있었다. 다산이 강진현에서 인동장씨仁同張氏 집안의 가슴 아픈 사연을 듣고 기록한 「기고금도장씨여자사紀古今島張氏女子事」는 유배지에서 억울하게 죽은 장 씨 집안 여인들의 한을 잘 보여주는 글이다. 내용은 대략 다음과 같다.

1800년 여름 정조가 승하하고 얼마 뒤 인동부사 이갑회李甲會는 아버지의 회갑잔치를 벌이고 인동 명문 집안의 장현경張玄慶과 그 부친을 초대했다. 그런데 장현경의 부친은 정조 국상이 끝나기도 전 연회를 베푸는 부사 이갑회의 행태를 비판하며 초대에 응하지 않았다. 그러자 화가 난 이갑회는 장현경을 근거 없는 정조 독살설을 퍼뜨리고 반란을 꾀했다는 죄목으로 감영에 무고했다. 이에 경상도 관찰사 신기申耆는 관련자를 체포하라는 명령을 내렸고, 이후 군교와 이졸들이 집을 포위하자 장현경은 얼른 담을 넘어 달아났지만 아우는 도망치다 벼랑에서 떨어져 죽고 만다. 장현경을 끝내 잡지 못한 신기는 장현경의 아내와 자식들을 그 대신 고금도로 귀양 보냈는데, 당시 큰딸은 열세 살, 작은딸은 다섯 살, 막내인 사내아이는 겨우 한 살이었다.

그런데 장현경 집안의 비극은 여기서 끝나지 않았으니 1809년 가을의 일이었다. 부녀자가 유배 온 사실을 안 그곳 진영鎭營의 한 병졸이 하루는 술에 취해 큰딸을 엿보고는 매일 찾아와 희롱하면서 자신의 아내로 삼으려 했다. 이를 견디다 못한 큰딸이 분하고도 슬픈 자신의 처지를 비관해 결국 바다에 투신했고, 뒤늦게 소식을 들은 장현경의 아내가 큰딸을 쫓아갔으나 끝내 붙잡지 못한 채 뒤이어 투신했는데 그날이 바로 7월 28일이었다. 함께 온 작은딸 역시 바다에 뛰어들려 하자 물속에서 허우적대던 어머니가 "너는 반드시 돌아가 관청에 고발해 원수를 갚고 네 동생도 키워야 한다"며 만류했고, 이에 작은딸이 마음을 다잡고 돌아와 마침내 이 일을 관에 신고했다.

그 후 강진현감 이건식李健植이 자살한 모녀의 변사체를 검시하고 관찰사에게 보고까지 했지만, 사건이 조정에 보고되면 허술한 유배인 관리로 문책당할 것을 염려한 현감이 고을 이방吏房과 상의해 감영의 비장裨將(조선시대에 관찰사, 절도사 등 지방 장관을 수행하며 보좌하던 무관 벼슬아치로 막비幕裨라고도 함)에게 돈 1,000냥을 뇌물로 보냈고, 관찰사는 결국 없던 일로 만들어버렸다. 장 씨 집안 모녀의 비극적인 동반자살을 불러온 병졸에게도 죄를 묻지 않았으니, 이를 통해 우리는 지방관의 사건 은폐 시도나 잘못된 대처로 인명 사건의 진실이 얼마든지 수면 아래로 가라앉을 수 있었음을 짐작할 수 있다.

현실적이고 적극적인 개선책을 제안하다

조선 후기에는 살인 사건 수사 및 변사체 검시에 대한 잘못된 관행, 그리고 사건이 일어날 때마다 행해지던 아전들의 가렴주구로 백성들의 고통이 이만저만이 아니었다. 유배지에서 생활하며 이런 점들을 뼈저리게 느낀 다산은 문제 해결을 위한 대책과 목민관의 올바른 자세들을 다음과 같이 제시했다.

먼저 아전 관리의 중요성을 강조하면서 아전들을 잘 단속해 민간에서 발생한 사건들을 자신의 먹잇감으로 삼는 행위를 근절해야 한다고 피력했다. 아전들의 토색질이 사건이 일어난 고을 전체에 큰 피해를 주곤 하자 다산은 이런 일이 발생하지 않도록 수령 부임 초기에 아전들을 불러 모아 엄히 단속하고 다짐을 받을 것을 권했다. 그리고 수령이 복잡하고 해결하기 어려운 살인 옥사의 검시관이 되었다면 아전을 너무 믿지 말라고도 당부했다. 그 대신 자제子弟나 책객册客(고을 관아에서 수령의 비서 일을 맡아보던 사람) 가운데 단정하고 청렴하며 일에 밝은 사람을 한 명 골라 고을에 몰래 보내어 전후 사정을 미리 조사하고 숨겨진 진실을 알아내게 했다.

아울러 인명 사건이 발생했더라도 과실치사, 즉 의도적인 것이 아니라 실수나 과실로 사람이 죽은 경우 관에 보고해 문제를 키우기보다 고을 자체적으로 가해자와 피해자를 화해시켜 해결하는 편이 바람직하다고 조언했다. 다산은 『주례』에 화해시키는 일을 담당하는 관리로 '조인調人'이 있다는 점을 언급하면서, 과실로 타인을 죽이거나 다치게 한 사람을 중재하는 것이 중국 주나라 때부터 시행되어 온 본받을 만한 성인聖人의 법도라고 주장했다. 비록 법전은 살인 사건의 경우 사화를 금지하고 있지만 이는 고살故殺, 투구살鬪毆殺 등과 같이 고의에 의한 살인이나 폭행치사만 해당하는 것이며, 과오살過誤殺은 이 규정에 포함되지 않는다고 다산은 해석했다. 그리고 사화 행위를 할 때 피해자 가족이 가해자 측으로부터 재물을 받았더라도 이를 염습 비용과 장례비로 썼다면 돈을 받은 죄를 물을 수 없다고도 했다.

심지어 다산은 과실치사 사건의 경우 가해자와 피해자 유족이 사적으로 해결한 후 그 사유를 갖추어 관에 보고하면 수령은 공식 증빙 서류를 발급해 후환이 없도록 해야 한다고까지 주장했다. 『목민심서』 내용 가운데 "우연한 과실치사로 마땅히 그 목숨으로써 보상할 필요가 없는 경우에는 이웃에 사는 고을 어르신들이 양쪽 집안을 깨우치고 타일러 화해하게 하는데, 이는 『주례』 「조인調人」에 나오는 것이다.

화해가 이미 이루어져 사유를 갖춘 뒤 관에 보고하면 곧 증빙서류를 발급할 터이니, 혹시 화해한 사실을 숨겨두었다 후환이 생기지 않게 함이 또한 좋지 않겠는가"라는 설명이 그것이다. 다산이 이런 주장을 편 이유는 수령이 공식 증빙서류를 발급하지 않으면 나중에 아전과 군교들이 민간에서 발생한 사건을 어떻게든 적발해 뇌물을 요구하고 토색질을 일삼을 수도 있다고 판단했기 때문이다.

다음으로 평소 법의학 지식을 철저히 습득해 변사체 검시를 소홀히 하지 말 것을 당부했다. 검시는 피해자의 사망 원인을 밝히는 매우 중요한 절차였지만, 많은 수령이 아전들에게 맡기기 일쑤였다. 다산은 특히 땅속에 묻힌 시신을 파내어 검시하는 '굴검掘檢'의 방법을 『흠흠신서』「전발무사」편 말미에 제시했는데, 이미 매장된 시신이라 해도 살인 후 몰래 묻은 것으로 의심된다면 반드시 굴검을 통해 사망 원인을 밝혀야 한다고 주장했다.

『대전통편大典通編』*에 검시와 관련된 영조의 수교가 잘못 편집되어 들어간 탓에 당시 많은 수령이 이미 매장된 시신을 발견해도 선뜻 파내어 검시하지 않았고, 상부에 검시 여부를 물은 후 회신을 기다렸으며, 그 과정에서 시일이 지체되어 시신이 부패하는 바람에 검시가 제대로 이루어지지 못하는 사례가 적잖았다. 이에 다산은 숙종, 영조, 정조의 변사체 검시에 대한 수교를 면밀히 분석한 뒤 살인자가 시신

---

* 국왕 정조의 명에 따라 김치인(金致仁) 등이 1785년(정조 9)에 편찬한 법전. 『경국대전』과 『속대전』, 그리고 이후 새로 만들어진 수교를 한데 모은 통일 법전으로 총 6권 5책이다.

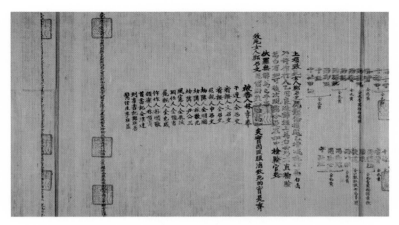

1906년 경기도 과천에서 발생한 여인 치사 사건의 검안으로, 해당 면은 검시 내용과 관련자들의 명단이 기재되어 있는 부분이다. 규장각한국학연구원 소장.

을 몰래 매장한 경우에는 무덤을 파내서라도 철저히 조사해야 한다는 것이 법전 해당 조문의 의미임을 명확히 했다.

이어 다산은 사건 수사의 잘못된 관행과 행정을 바로잡아야 한다는 지적도 잊지 않았다. 그중 하나가 검시 횟수를 3회로 제한하는 것이 바람직하다는 의견이었다. 중국에서 검험檢驗(검관檢官이 현장에서 살인 사건의 시신을 검사하고 사망 원인을 밝혀 검안서를 쓰던 일)은 세 번으로 끝이 났지만, 조선은 별도의 제한이 없어 사망 원인이 불명확한 경우 4차, 5차까지 가기도 했다. 이에 다산은 검시를 많이 하면 혼란만 초래할 수 있으므로 중국과 동일하게 세 번으로 제한해야 한다고 주장했다. 또한 검관들이 모여 행하는 합동 신문, 즉 동추同推 방식의 현실화도 강조했다. 규정에 따르면, 검시를 모두 끝낸 여러 고을의 수령들은 한 달에 세 번 만나 관련자들을 신문해야 했다. 그러나 수령들은 직접 만나지 않은 채 문서만 꾸며 관찰사에게 보고했고, 관찰사 역시 그런 사실을 알고도 묵인하곤 했다. 이에 다산은 수령들이 법대로 한 달에 세 번씩 만나 신문하지는 못하더라도 적어도 한 달에 한 번은 직접 실정을 조사함으로써 옥사가 지체되지 않게 하는 것이 바람직하다고 강조했다.

이 밖에 살인 사건 수사와 관련해 다산이 제시한 개선책 중에는 시신을 범행 현장이 아닌 고을 여단厲壇에서 검시하는 방법도 있었다. 여단은 흉년이 들어 굶어 죽거나 병이 들어 객사한 외로운 혼령들을 위로하고자 고을에서 여제厲祭를 베풀던 제단을 말한다. 이렇게 많은 사람이 보는 장소에서 공개적으로 검험을 하면 군교軍校 또는 시신을 직접 만지는 오작仵作 등이 몰래 저지르는 여러 폐단을 방지할 수 있으리라고 생각했던 것이다.

이처럼 다산은 살인 사건 처리 관행의 여러 문제점을 정확히 짚은 뒤 현실에 맞게 법을 적용하는 방법을 조목조목 제시했다. 물론 여기에는 인명 사건을 맡은 목민관이 신중하고 정확하게 사건을 처리함으로써 행여 억울한 사정이 생기지 않도록 해야 한다는 다산의 평소 지론이 반영되어 있다.

제3부

정약용이 쓴
판례연구서
『흠흠신서』

방대한 분량의
판례연구서를 편찬하다

옥사 처리 지침서가 되길
바라는 마음에서

다산이 성리학의 주류 학문에 매몰되지 않은, 즉 사고의 폭과 인식의 지평이 매우 넓은 학자였다는 사실은 이미 밝혀진 바이며 이는 성리학 이외에 법학, 의학, 경제학, 지리학 등 실용 학문을 등한시하던 당대 사대부의 태도와 확연하게 차이를 보이는 지점이다. 특히 다산은 뛰어난 율학자로서 형정의 실상과 개혁 방안을 모색했고, 살인 같은 인명 사건에 큰 관심을 보였다. 그는 인명 사건 피해자의 사망 원인을 밝히고 사건을 해결하기 위해서는 법의학, 형법 등 관련 지식이 무엇보다 중요하다고 생각했으며, 인명 사건 수사와 재판에 관한 내용을 전문적인 학문으로 다룰 필요가 있다는 소신을 피력하기도 했다.

다산이 집필한 판례연구서 『흠흠신서』.
장서각 소장.

다산은 이런 자신의 생각을 실천으로 옮겼는데, 그것이 바로 『흠흠신서』 편찬이다. 그는 강진현에서 유배 생활을 하는 18년 동안 다양한 분야의 저술을 많이 완성해 기념비적 성취를 거두었다. 그 가운데 특히 『흠흠신서』는 사대부 관리들이 거의 관심을 두지 않던 살인 범죄 및 관련 법률에 관한 저술이라는 점에서 의미가 있다. 『흠흠신서』는 그 유명한 경세서 『경세유표』, 『목민심서』와 함께 다산 저술을 대표하는 '일표이서'로 불리지만, 다른 두 저술에 비해 주목받지 못한 것이 사실이다.

구체적으로 『흠흠신서』는 중국과 조선에서 발생한 여러 살인 사건을 유형별로 분류, 정리해놓고 사건 처리의 문제점, 법률 용어 해설, 자신의 비평 등을 덧붙인 책으로, 조선시대의 전무후무한 법률서이자 판례연구서다. 다산이 우리나라 최초 판례연구서인 동시에 형법학, 수사학의 지침서라 할 수 있는 이 책을 집필한 것은 군현에서 발생하는 살인 사건의 1차 조사 및 처리를 담당할 각 지방관의 무거운 책임을 강조하기 위함이었다.

당시 다산은 사대부들이 과거시험과 관련된 사부詞賦에만 힘쓸 뿐 『대명률』과 『속대전』 같은 기본 법률서적, 『세원록』과 『무원록無冤錄』 같은 법의학 서적을 제대로 읽지 않은 채 관직 6품에 올라 군현 수령으로 파견되는 세태를 강하게 비판한 바 있으며, 『흠흠신서』 편찬의 필요성을 느낀 것도 이 때문이었다. 그는 『흠흠신서』 서문에서 집필 동기를 다음과 같이 밝혔다.

사람의 생명에 관한 옥사獄事는 군현에서 항상 일어나고 목민관이 항상 마주치는 일인데도, 실상을 조사하는 것이 언제나 엉성하고 죄를 결정하는 것이 언제나 잘못된다. 옛날 우리 정조 임금 시대에는 감사와 수령 등이 항상 이것 때문에 관직에서 물러났으므로, 차차 경계하고 삼가게 되었다. 그런데 근년에 와서는 다시 제대로 다스리지 않아 억울한 옥사가 많아졌다. 내가 『목민심서』를 편찬하고 나서 인명에 대해서도 마땅히 전문적으로 다루는 것이 있어야겠다고 생각하고, 드디어 이 책을 별도로 편찬했다.

조선시대 군현에서 살인 사건이 발생하면 1차 수사 책임은 해당 고을의 수령에게 있었다. 수령이 변사체 검시 및 수사를 진행한 뒤 감영에 알리면 감영 관찰사는 수령을 지휘해 사건 수사를 마무리하고 국왕에게 보고했는데, 사형에 해당하는 중대한 범죄는 국왕으로부터 최종 심리를 받아야 했다. 살인 사건 범인으로 지목된 경우 형률에 의거해 사형에 처해질 가능성이 높은 만큼 사람 목숨이 달린 본 사안에서 억울한 일이 발생하지 않도록 사건을 신중하게 처리해야 하지만, 다산이 진단한 현실은 전혀 그렇지 못했다. 이에 다산은 『흠흠신서』가 향후 법률 지식이 부족한 관리들 사이에서 옥사 처리의 지침서로 읽히기를 기대했다.

그럼 다산은 『흠흠신서』를 언제 편찬했을까? 다산의 현손玄孫(손자의 손자) 정규영丁奎英이 1921년 출간한 『다산연보』(『사암선생연보』를 말함. 여기서 '사암'은 다산 정약용의 호號 가운데 하나임)에는 『흠흠신서』가 1819년(순조 19) 여름에 완성된 것으로 나온다. 이는 1818년 봄에 편찬된 『목민심서』보다 한 해 뒤의 일로, 오랜 집필 준비 과정을 고려하면 두 책 모두 유배지에서 글 대부분이 쓰인 것으로 판단된다. 다만 『흠흠신서』 서문이 1822년(순조 22) 봄에 작성된 것으로 보아 다산이 1819년 초고 작성 이후 1822년까지 3년에 걸쳐 수정 작업을 했으리라 짐작된다. 다산은 당초 책제목을 '명청록明淸錄'으로 정했으나, 『서경書經』 「우서虞書」편에서 형벌을 신중히 하라는 뜻의 '흠재흠재欽哉欽哉' 구절을 인용해 나중에 『흠흠신서欽欽新書』로 고쳤다.

내용이 크게 다섯 부분으로 나뉘는 『흠흠신서』는 「경사요의經史要義」편 3권, 「비상전초批詳雋抄」편 5권, 「의율차례擬律差例」편 4권, 「상형추의祥刑追議」편 15권, 「전발무사剪跋蕪詞」편 3권 등 총 5편 30권으로 구성되어 있다. 이 중 「비상전초」편은 「비상준초」로 읽기도 한다. '雋'을 '준'으로 읽으면 재덕才德이 탁월한 사람을 의미하고, '전'으로 읽

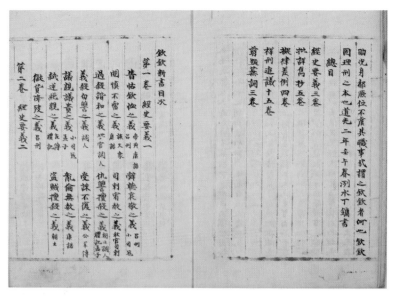

『흠흠신서』 목차 부분으로, 오른쪽은 책 전체 목차고 왼쪽은 제1권 「경사요의」편의 목차다. 장서각 소장.

으면 말이나 시문詩文의 함의가 심장하다는 뜻이 된다. 따라서 상급심과 하급심 관리들이 작성한 살인 사건 수사 및 재판 관련 문건 가운데 잘되고 의미심장한 내용들을 추려서 모은 책이라는 점을 고려하면 「비상전초」로 읽는 것이 타당해 보인다.

살인 사건에 관한 내용을 전문적으로 다룬 『흠흠신서』는 중국·일본의 관련 서적과 견주어도 결코 모자라지 않는 분량의 탁월한 저술이다. 지금부터는 각 편의 내용을 하나하나 살펴보기로 한다.

경전과 역사책에서
뽑은 재판 규범

먼저 '경사요의'는 글자 그대로 경
사經史, 즉 '경전經典과 사서史書의 중요한 뜻'으로 해석할 수 있다. 「경
사요의」편은 경전과 역사책에서 뽑은 유교적 재판 규범의 핵심을 담
은 부분으로, 『흠흠신서』의 총론에 해당한다. 다산은 이 편에 유교 경
전에 나오는 내용 13개와 중국 및 조선 역사책에 나오는 판례 117건
을 선별해 실었다.

구체적으로 살펴보면 다산은 조선시대 법률의 기본 원리와 지도
이념의 바탕이 된 유교 경전에서 법률 적용, 재판 원칙, 법리 해석 등
과 관련된 주요 부분을 뽑아 「경사요의」편 1권에 논술했다. 「경사요
의」편 2, 3권에는 중국과 우리나라 역사책에서 참고할 만한 선례들을
뽑아 분류, 소개했다. 이는 『대명률』과 조선시대 법률의 모체가 된 유
교 경전의 법정신을 제시하기 위함이었다.

다산은 「경사요의」편 서문에서 옥사를 처리하는 근본은 '흠휼欽恤'
에 있다고 강조하면서, 흠휼이란 그 일을 삼가고 그 사람을 애처롭게
여기는 것이라고 설명했다. 잘 알려진 바처럼 유교 정치사상가들은
국가 통치수단의 근본을 덕치德治와 인정仁政에 두었다. 그리고 형벌
은 보조수단에 지나지 않는다는 인식을 공유하고 있었고, 예치禮治의
이상을 현실정치에서 실현하고자 했다. 현대를 사는 우리의 생각으로
는 살인 사건을 처리하는 데 법전만 참고하면 될 것 같지만 당시에는
유교 경전이 법률 서적보다 더 중요한 역할을 했다. 옥사를 판결할 때

법률 이외에 인정人情, 천리天理를 잘 살펴 그 조화를 강조한 것도 이 때문이었다.

「경사요의」편에 인용된 경전 가운데 가장 많이 등장하는 것은 정치철학을 담고 있는 『서경』과 주나라 관직제도를 기록한 『주례』다. 역사책은 중국 정사正史와 사건 판례를 모아놓은 『의옥집疑獄集』, 『절옥귀감折獄龜鑑』, 『당음비사棠陰比事』를 참고했고 우리나라 정사와 『국조보감國朝寶鑑』, 『문헌비고文獻備考』, 『순암정요順菴政要』(순암 안정복이 쓴 지방 수령을 위한 목민서의 일종) 등도 언급되어 있다. 따라서 우리는 이 편을 통해 유학자 관리가 법을 다루는 원칙과 유교 법사상의 핵심 내용을 어느 정도 파악할 수 있다.

중국의 다양한 사건을 소개하다

「비상전초」편과 「의율차례」편에는 중국에서 발생한 살인, 자살 등 인명 사건에 관한 관리들의 보고서를 실어놓았다. 조선 후기의 살인 사건 수사 및 변사체 검시 절차는 중국과 크게 다르지 않았기 때문에 중국의 여러 모범 사례를 소개함으로써 조선 관리들이 참고할 수 있게 한 것이었다.

'비상전초'란 '비批와 상詳 가운데 뛰어난 것을 뽑았다'는 뜻이다. 중국에서 '비'는 비판批判, 즉 상급 관아에서 하급 관아로 내려보내는 지시문을, '상'은 신상申詳, 즉 지방 고을에서 상부로 올리는 보고서를 가리켰다. 이 비판과 신상은 각각 우리나라 관찰사의 제사題詞, 수령의 첩보牒報와 같았다. 이에 다산은 중국 관리들이 살인 사건 발생 시 주고받았던 문서 가운데 법률 문서 형식 측면에서 잘된 것 70건을 선별해 자신의 해설과 비평을 덧붙여 「비상전초」편에 소개했다. 다산은 조선 관리들이 중국 관리들의 문서 작성 사례를 참고하길 바랐던 것으로 보인다.

「비상전초」편에는 특히 명나라 말기~청나라 초기 학자인 이어李漁(1611~1680)의 『자치신서資治新書』에 나오는 사건 판례들이 많이 발췌, 수록되어 있다. 그뿐 아니라 명나라 말기 여상두余象斗가 쓴 공안소설 『염명공안廉明公案』에 담긴 이야기도 실려 있다. 공안소설은 명나라에서 유행하던 일종의 범죄 소설로, 우리가 잘 아는 포청천 이야기도 공안소설이며 당연히 소설 속 사건은 모두 허구다. 그럼에도 다산이 『염명공안』에 나오는 사례들을 「비상전초」편에 실은 이유는 거기에 등장하는 중국의 소송 절차, 법률 문서 양식 및 용어가 조선과 조금 차이가 있긴 해도 사건을 처리하는 데 참고가 될 만하다고 판단했기 때문일 것이다. 다산은 또한 지방 수령의 통치 지침서 성격을 지닌 명대 류시준劉時俊의 『거관수경居官水鏡』, 청대 호연우胡衍虞의 『거관과과록居官寡過錄』에서도 일부 사건을 뽑아 실었다.

한편 '의율차례'는 '법률 적용(의율擬律)의 다양한 사례'를 뜻한다. 다산은 「의율차례」편에서 살인 사건에 대한 법 적용의 실제 사례를 보여주고자 『청률조례淸律條例』 부록에 나오는 독무督撫와 형부刑部의 보고서 188건을 수록했다. 따라서 이 편에 실린 사례는 모두 청나라에서 일어났던 사건들이다.

　당시 형률에 따르면 사형에도 등급이 있어 신체의 여러 부위를 절단해 죽이는 능지처사형이 가장 무겁고, 그다음이 참수형과 교수형이었다. 참수형과 교수형도 죄 등급에 따라 형을 즉시 집행하는 경우와 가을까지 기다렸다 죽이는 경우로 나뉘었다. 또한 살인 행위도 살인의 고의성 유무나 살인 방식 등에 따라 모살謀殺, 고살故殺, 투살鬪殺, 희살戲殺, 오살誤殺, 과살過殺로 구분되었고 형량에 각각 차이가 있었다. 다산은 법을 집행하는 수령과 관리가 형률을 정확히 적용해 사건을 처리할 수 있도록 청나라 관리들의 여러 관련 사례를 뽑아 제시했다.

정조 시대의
사건 기록

　「상형추의」편에서 '상형祥刑'은 『서경』 「여형呂刑」편에 나오는 단어로 상서로운 형벌, 혹은 재판을 통해 신중하게 형벌을 가한다는 의미다. '추의追議'는 옥사를 거듭해 평의評議하는 것을 말하는데, 이때 평의는 문안을 살펴보고 의논함을 뜻한다. 따라서 '상형추의'를 글자 그대로 풀이하면 '형벌을 신중하게 가하기 위한 거듭된 논의'라고 할 수 있다.

　「상형추의」편은 『흠흠신서』에서 가장 많은 분량을 차지하며, 정조 대에 일어난 사건들을 수록했다. 정조 대에는 당시 심리한 사건 기록들을 모아놓은 『상형고』 100권이 편찬되었는데, 다산은 「상형추의」

편 서문을 통해 조정에서 한림 벼슬을 할 때『상형고』를 읽어둔 적이 있다고 술회했다. 또한 1797년 봄 정조의 명을 받들어 그 초록에 해당하는 3권 분량의『상형고초본祥刑考艸本』을 자신이 직접 만들었다고도 밝혔다.「상형추의」편은 이전에『상형고초본』을 작업한 경험을 바탕으로『상형고』에 수록된 살인 사건 가운데 144건을 22개 유형으로 분류, 선별한 뒤 각 사건에 대한 지방 수령·관찰사·형조의 문서와 국왕의 최종 판부判付를 싣고 다산 자신의 의견을 덧붙인 것이다. 참고로『심리록』과『흠흠신서』「상형추의」편 작성의 기초 자료가 된『상형고』는 아쉽게도 현존하지 않는다. 다만 지방과 형조에서 보고한 각종 옥안獄案의 원본, 국왕의 판부 등을 매우 상세히 수록해놓았을 것으로 추정된다.

「상형추의」편에 실린 사건은 대부분 수령의 변사체 검시 내용과 사건 수사에 대한 의견, 관찰사의 지시, 형조의 보고, 정조의 판부 순으로 구성되어 있다. 다산은 필요한 부분에 자신의 비평을 덧붙여 관리들의 사건 처리 과정에서 잘잘못을 지적하고, 경우에 따라서는 선왕 정조의 판결에도 이의를 제기하는 등 법 적용에 관한 의견을 적극적으로 제시했다.

이 편에 수록된 사건은 대개 쟁점이 있어 처리하기 어렵거나 논란이 일었던 것들이다. 즉, 주범과 종범의 구별이 어려운 사건, 자살과 타살의 구분이 애매한 사건, 상해 사망인지 병사인지 논란이 되는 사건, 고의 살인과 착오에 의한 살인을 구별해야 하는 사건, 시신이 오래되어 검시에 어려움이 있던 사건, 그리고 미친 사람이 저지른 살인,

임신부 살인, 세력이 강한 자의 학대에 의한 살인, 복수살인, 정황상 참작해야 할 살인, 부부 살인, 노비와 주인 사이의 살인, 죄를 남에게 덮어씌우려 한 허위 고발과 기타 희귀한 사건 등이다. 이렇듯 정조 대 일어난 다양한 살인 사건들을 소개한 「상형추의」편을 통해 우리는 당시 민중생활사의 한 부분을 들여다볼 수 있다.

정약용이 직접 작성한 옥안 문서

『흠흠신서』 마지막 편인 「전발무사」에서 '전발剪跋'은 촛불의 심지를 여러 번 자른다는 뜻으로, 후한後漢 회계 사람인 성길盛吉이 옥사를 심리할 때 초의 심지를 여러 번 끊어 내고 눈물을 흘리며 신중히 한 데서 따온 말이다. '무사無詞'는 하잘것 없는 글이란 뜻으로, 다산 자신의 글을 가리킨다. 따라서 '전발무사' 는 다산이 초의 심지를 여러 번 자르면서까지 신중하게 심리해 직접 작성한 옥안을 말하는데, 옥사를 각별히 살피고 심리해야 한다는 그의 생각을 겸손하게 표현한 것이라 할 수 있다.

「전발무사」편에는 옥안 17건이 수록되어 있으며, 사건 관련 옥안은 16건이고 매장된 시체의 검시, 즉 굴검掘檢에 대한 다산의 해석 1건이 덧붙어 있다. 앞서 살펴본 것처럼 다산은 1797년(정조 21) 황해도 곡산부사에 부임하고 1799년에는 형조참의가 되어 조정에 복귀했는데, 이 편에 실린 옥안 16건 중에는 그 시절 자신이 직접 처리한 사건도

『흠흠신서』「전발무사」편 부분으로, 다산이 직접 작성한 옥안이 수록되어 법조인으로서 그의 탁월한 역량을 확인할 수 있다. 장서각 소장.

포함되어 있다. 이외에 강진현에서 유배 생활을 할 때 강진현감을 대신해 작성한 보고서, 여러 지역에서 발생한 살인 사건 소식을 듣고 자신이 사건 담당 수령이나 관찰사라고 가정해 작성해본 검보檢報(수령의 검시 보고서) 및 제사題詞(관찰사가 수령에게 내린 수사 지시)도 실려 있다.

「전발무사」편의 옥안을 순서대로 살펴보면 황해도 수안군 김일택金日宅 사건, 송화현 강문행姜文行 사건, 곡산부 김대득金大得 사건, 수안군 최주변崔周弁 사건, 서울 북부 함봉련咸奉連 사건, 황해도 황주 신착실申著實 사건, 전라도 강진현 조규운趙奎運·필랑必娘과 필애必愛 자매·박광치朴光致·장張 조이召史·정절부鄭節婦·사노비 유정有丁·김 가金家 아들·김계갑金啓甲 사건 등 8건, 해남현 윤계만尹啓萬 사건, 경기도 양근군 이대철李大哲 사건 등이다.

이 가운데 강진현 박광치 사건과 정절부 사건은 옥안 제목 다음에 '대인작代人作', 즉 다른 사람을 대신해 작성했다는 기록이 보인다. 다산이 강진현감 대신 작성한 옥안들로, 그의 법조인으로서 능력을 높게 산 강진현감이 유배 온 다산에게 특별히 부탁한 것으로 보인다.

박광치 사건은 박광치가 술에 취해 집에서 주정을 부리다 아버지에게 얻어맞자 홧김에 뜰 앞 살구나무에 목을 매 자살하고, 화가 자신에게 미칠까 두려워진 박광치의 아버지가 엉뚱한 자를 지목해 아들을 살해했다고 무고한 일이었다. 정절부 사건은 군인 김상운이란 자가 고을에 사는 과부 정鄭 조이를 보쌈해 강제로 부인으로 삼으려 하자, 정 조이가 정절을 지키려고 스스로 목숨을 끊은 안타까운 이야기다. 다산은 해당 옥안에서 사건 경위를 명쾌하게 밝히고 가해자를 법에 의거해 엄히 처벌해야 한다고 강조했다.

「전발무사」편 마지막에 실린 굴검법 관련 글은 이미 매장된 시신을 검시할지, 말지에 대한 법전 규정 해석상의 혼란을 없애고자 작성한 것이다. 다산은 이 글에서 숙종, 영조, 정조가 내린 관련 수교를 검토한 후 이미 매장된 상태라 해도 살해당한 시신은 무덤을 파헤쳐 검시해야 하며, 살인 사건과 관계없는 시신은 검시할 필요가 없다고 주장했다.

중국과 조선 관리들이 쓴 옥안을 실은 앞선 편들과 달리, 「전발무사」편은 다산이 직접 작성한 인명 사건의 옥안을 담아 더 특별한 가치를 지닌다. 관리들에게 사건 처리의 모범적 사례를 자신이 작성한 문서로 보여주고 있다는 점에서 특히 그렇다.

『흠흠신서』의
둘도 없는 가치

법이란 국가권력이 강제하는 사회규범
으로, 그 사회에 속한 사람이라면 반드시 지켜야 할 약속이자 규칙이
다. 법이 사람들의 삶에 큰 영향을 미치는 만큼 법률 지식의 습득은
사회 구성원으로서 갖추어야 할 중요한 요소로 인식된다. 오늘날 법
학이 인기 학문인 이유도 이 때문이다.

전통시대 중국과 조선에서는 법에 대한 학문을 '율학律學'이라고 했
으며, 율학은 유교 경전 공부를 중시하던 조선 사대부들에게는 주된
관심사가 아니었다. 이런 상황에서 『흠흠신서』를 편찬했다는 것은 여
느 학자들과 달리 다산이 인명 사건에 관심이 많고 이 문제를 전문적
인 학문으로 다루어야 한다고 인식했기에 가능한 일이었다. 살인 사
건의 유형별 소개, 사건 처리 관행에 대한 비판, 법 해석에 관한 의견
등이 담긴 『흠흠신서』는 다산 이전에 조선 사대부 어느 누구도 시도
한 바 없는 작업의 결과물로, 조선시대 율학 수준을 한 단계 끌어올린
쾌거라 할 수 있다.

그런데 책 제목이기도 한 '흠흠欽欽'은 모든 죄인을 덮어놓고 너그
럽게 용서하라는 뜻은 결코 아니었다. 뒤에서 살펴보겠지만 사건 정
황상 용서할 수 있는 사안은 융통성을 발휘해 처리하되 원칙을 어기
지는 말라는 것이 다산 주장의 핵심이었다. 인명 존중의 정신과 함께
법치 구현을 강조한 그는 자신의 이런 생각을 『흠흠신서』에 사건 유
형별로 예시해 설명함으로써 이 책이 법을 집행하는 관리들에게 좋은

지침서로 활용되기를 기대했다.

　그렇다면 『흠흠신서』의 가치를 어떻게 평가할 수 있을까? 다산은 법률 서적뿐 아니라 중국과 조선의 경전, 역사서, 심지어 문학작품에서도 사건 판례들을 다양하게 가져왔다. 즉, 법률 문서의 양식, 법률적 추론의 모범 실례 등을 다양한 텍스트를 통해 광범위하게 제시하고 있는 것이다. 이는 사건 처리 과정과 재판 절차는 물론, 법과 정의에 관한 당대인의 관념 및 태도까지 담아내기 위함이었다. 따라서 『흠흠신서』는 단순한 판례 모음집 수준을 넘어 그 유례를 찾기 힘든, 조선시대의 본격적인 판례연구서로서 위상을 지닌다.

　다산은 『흠흠신서』에서 사건 관련 공문서를 단순히 나열하는 데 그치지 않고, 자신의 구상에 따라 사건 성격을 규정해 분류한 뒤 법률 문서에 적힌 어려운 용어들에 관한 해설, 비평과 더불어, 법 적용 및 판결의 잘잘못에 대한 의견도 일일이 덧붙였다. 당시 관리들의 사건 처리 실태와 문제점에 관한 다산의 의견 및 비판이 실렸다는 점에서 이 책은 유교적 법추론에 더해, 뛰어난 법학자가 행한 판례 분석의 진가를 잘 드러낸다고 할 수 있다. 특히 현존하는 다른 판례집에서는 볼 수 없는 정조 대의 사건 관련 공문서들, 그중에서도 지방 수령들이 작성한 검시 보고서의 발문跋文(수령이 관찰사에게 올리는 사건에 대한 종합적인 의견서), 관찰사의 제사題辭와 사계查啓(국왕에게 올리는 사건에 대한 조사 보고) 등이 「상형추의」편에 상당수 실렸는데 이는 당시 발생한 사건의 내용은 물론, 각 수사 주체가 사건 처리 과정에서 생산한 문서들을 재구성하는 데 큰 도움이 되고 있다.

다산이 정조 승하 후 권력에서 멀어진 실각한 남인 학자였던지라 아쉽게도 그의 역작 『흠흠신서』는 오랫동안 활자로 인쇄, 출판되지 못했다. 이는 다산이 살던 시대에 『흠흠신서』가 법을 집행하는 많은 관리와 수령에게 알려지지 못한 이유이기도 하다. 하지만 『흠흠신서』 필사본이 여러 개 전해진다는 점에서 알 수 있듯이, 다산 사후에 『흠흠신서』가 부분적으로 유통되었고 일부 지방관의 경우 재판 실무에 활용했음이 분명하다. 뒤에서 살펴보겠지만 19세기 지방관들은 살옥殺獄의 실무에 참고자료들을 활용하는 열정을 보였다. 다산의 『흠흠신서』는 비록 다양한 형사 사건이 아닌 살인, 자살 같은 인명 사건만 다루긴 했어도, 수령들이 풍부한 법률 지식을 바탕으로 공정하게 법을 집행하는 것이 중요하다는 사실을 깨우치는 지침서로 사용되었다는 데 의미가 있다.

『흠흠신서』에 소개된
중국 판례의 이모저모

"간통, 패륜 살인이
조선의 열 배"

　　다산은 『흠흠신서』에 조선뿐 아니
라 중국에서 일어난 다양한 사건을 수록했는데, 중국을 무대로 한 사
건은 대부분 명·청시대 사례들이다. 여러 유형의 범죄를 망라한 것이
아니라 살인, 자살 같은 인명 사건만 다루었기 때문에 『흠흠신서』에
나오는 중국 사례들로 전체 범죄의 발생 현황이나 특징을 살피는 데
는 한계가 있다. 하지만 책에 실린 다양한 중국 판례를 통해 당시 중
국의 사회상과 문화적 특징, 사람들 간 다툼과 갈등 양상, 일상생활의
모습 등을 어느 정도 짐작할 수 있다. 여기서는 다산이 선별한 중국
내 사건 가운데 몇 가지 흥미로운 사례들을 소개하고자 한다.

　　『흠흠신서』에 실린 중국 내 사건들을 분석하기에 앞서 중국의 생활

관을 열어 시체를 검시하는 모습. 청대 말 『점석재화보(點石齋畵報)』 1885년 9월 23일 수록.

문화를 바라보는 다산의 관점부터 살펴볼 필요가 있다. 다산은 조선의 현실과 비교할 때 중국에서 흉포한 범죄가 훨씬 더 많이 발생하고 있다고 진단했다. 그는 「의율차례」편 서문에서 "중국은 오로지 법률만 숭상하기 때문에 간음奸淫과 시역弑逆이 우리나라보다 열 배나 많다"고 평했다. 여기서 '시역'이란 존속살인 등 강상과 윤리를 무너뜨린 사건을 말한다. 다산은 청대에 간통, 패륜살인 같은 중대 범죄가 매우 빈번하게 일어난 데 비해 조선에서는 기껏해야 주먹으로 치고 발로 차서 다치게 하는 폭행 사건이 있었을 뿐이고, 이는 성질이 화평하고 순한 조선 사람의 풍속 때문이라고 주장했다. 그러면서 단지 법률에만 기대어 백성을 규율하기보다 예의염치를 가르쳐 교화하는 것이 중국에서처럼 흉포한 범죄가 자주 발생하는 것을 막는 데 더 중요하다고 했다.

다산이 특히 중국에서 빈발하는 흉악한 범죄로 꼽은 것 가운데 하나가 이른바 '도뢰圖賴' 사건이다. 도뢰는 백뢰白賴라고도 하며 우리말로는 용악用惡, 억지臆持, 생억지生臆持에 해당한다. 즉, 타인에게 죄를 뒤집어씌우려고 허위로 고소·고발하는 무고행위라고 볼 수 있는데, 다산은 살인 사건의 절반 정도가 도뢰와 관련 있다고 주장했다. 무덤 속 시체를 도굴해 이를 거짓으로 조작한 뒤 엉뚱한 사람을 살인범으로 모는 행위, 그리고 부모가 자식을 죽이거나 조부모가 손자를 죽이거나 가장이 노비를 죽인 다음 다른 사람에게 죄를 뒤집어씌워 모함하는 행위, 심지어 원수에게 살인 혐의를 씌우기 위해 자살하는 행위 등이 대표적인 도뢰 유형으로, 종종 범죄 수법이 상상을 초월하기도 했다. 다산은 중국에서처럼 시체 장사로 타인을 살해범으로 모는 극악무도한 도뢰 사례가 다행히 조선에서는 없었다고 하면서도, 다른 유형의 도뢰 사건은 종종 일어나고 있는 만큼 관리들이 법조문을 잘 적용해 공정하고 정확하게 판결을 내려야 한다고 강조했다.

이외에 다산은 조선 사회와 확연히 차이 나는, 정확히 말하면 조선에서는 아주 보기 드문 중국 풍습을 거론하면서 이로 인해 발생한 사건도 몇 가지 소개했다. 그 가운데 하나가 남색男色 풍습이다. 다산은 동방예의지국인 우리나라와 달리 중국은 남색이 심하고, 이는 일본도

화목한 형제가 살인을 저지른 모습. 청대 말 『점석재화보』 1886년 8월 24일 수록.

마찬가지라고 주장했다. 「비상전초」편에 실린 남남커플 주아보朱阿寶와 유군경俞君檠 사이의 살인 사건이 그것과 관련 있는 사례다. 청대에 일어난 이 사건에서 주아보는 유군경의 사랑을 받는 종으로, 둘은 평소 부부처럼 지냈으나 주아보가 재산을 차지하려고 결국 주인 유군경을 살해하고 말았다.

남색 풍습 외에도 부모가 자식을 죽이는, 참으로 끔찍한 일이 종종 발생하고 있다는 것이 중국 사회를 관찰한 다산의 결론이었다. 실제로 다산은 가난해서 또는 세금이 무거워 자식을 낳으면 바로 유기하거나, 자라면 죽여서 버리는 중국 내 실상을 「경사요의」편에 언급했다. 금기, 터부 때문에 이런 일이 생기기도 하지만 대부분 생계 문제로 자식을 죽이는 극단적인 결정을 한다는 것이었다.

이에 비해 조선에서는 자식을 낳아 죽이는 일이 거의 없어, 다산은 아들을 낳아 죽이려 한 유일한 사건으로 『국조보감』에 실린 1681년(숙종 7)의 사례를 하나 소개했다. 함경도 명천 고을 노비인 산봉山奉의 아내 막금莫今이 거지 생활을 하던 중 아들을 낳자 도저히 키울 수 없다고 판단해 죽이려 했으나 실행에 옮기기 전 발각된 사건이었다.

전체적으로 다산은 온화한 풍속의 조선에 비해 중국 사회에서 흉포한 범죄가 훨씬 많이, 더 다양하게 발생하고 있다고 생각했다. 다산의 이런 생각이 옳은지 여부는 범죄 데이터에 대한 종합적인 분석이나 연구가 수행된 후에야 판단할 수 있을 것이다. 현재로서는 그것이 중국 사회를 바라보는 지나친 편견에서 비롯되었다고 단정하기보다 방대한 영토에 다민족으로 구성된 중국의 사회적 특성이 어느 정도 반영된 것이라고 이해하는 편이 타당할 듯하다.

빈번히 일어나는 시체 장사

다산은 중국에서 발생한 살인 범죄의 상당수가 도뢰, 즉 무고 사건이라고 주장했다. 그러면서 『흠흠신서』 「비상전초」편을 비롯한 몇몇 부분에 도뢰 유형들을 언급했는데, 이를 통해 중국에서 실제 어떤 도뢰 사건이 발생했는지 확인할 수 있다. 먼저 살인을 저지른 범인이 이를 은폐하려고 다른 사람을 살인범으로 무고한 사례부터 살펴보자. 타인의 목숨을 빼앗는 끔찍한 범행을 저지르고도 그 책임을 다른 사람에게 뒤집어씌우는 행위는 이중으로 죄를 범하는 극악무도한 짓이라고 할 수 있다.

중국 청대에 발생한 도뢰 사건 가운데 하나는 부인이 남편을 살해하고 남에게 죄를 덮어씌운 경우다. 한 고을에서 부인 정丁 씨와 조카 정기鄭奇가 간통하다 정 씨의 남편 정인鄭仁에게 발각되자 둘이 공모해 남편을 독살했다. 그리고는 왕양옥王良玉이란 자가 생전에 정인을 폭행한 일을 빌미로 왕양옥을 구타살인 사건의 범인이라며 관에 무고했다. 평소 정기와 원한이 있던 왕양옥에게 죄를 전가함으로써 자신들은 살인죄에서 벗어나고 원수에게 복수까지 하는 일거양득을 노린 사건이었다. 무고를 당한 왕양옥은 수사 과정에서 자포자기 심정으로 허위 자백을 했으나 다행히 상급심에서 부인 정 씨의 불륜으로 인한

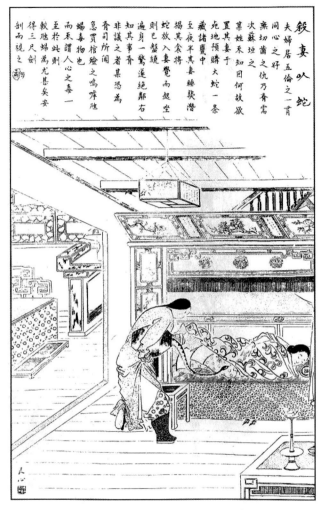

殺妻以蛇

夫婦居五倫之一者
同心齒齒之好乃肯需
燕切齒之仇乃肯需
次蘇垣之
其姓禾知曰何故欲
置其妻于
宛地預睹大蛇一条
藏諸甕中
至夜半其妻睡狹潛
揭其衾將
蛇放入妻覺而起坐
則巳盤縷
遍身一驚遂絕鄰右
知其事者
非謀之者其恐為
膏司所聞
急買棺驗之鳴嘩唯
蝎毒物也
而禾謂人心之毒一
至於此則
載蛇婦萬尤悲矣安
得此劍
剖而視之

뱀으로 아내를 죽이는 모습. 청대 말 『점석재화보』 1887년 7월 25일 수록.

독살임이 밝혀졌다.

이것과 반대로 남편이 부인을 죽이고 도뢰한 사건도 있었다. 서성룡徐成龍이란 자가 결혼 전 행실에 불만을 품고 아내 유劉 씨를 살해했다. 그러고는 자신의 집에서 다툰 적이 있는 장광전張光前에게 살인죄를 덮어씌우기 위해 집 담장에 아내의 시체를 매단 다음 몰래 집을 빠져나갔고, 시체를 본 고을 이장이 장광전을 서성룡과 다툰 후 그의 부인을 살해한 범인으로 고발 조치한 사건이었다.

이와 같은 도뢰 유형 외에도 중국에서는 시체를 사거나 훔쳐서 거래하는 잔인무도한 범죄까지 성행했다. 다산은 이와 관련된 사례를 『흠흠신서』에 가장 많이 수록했는데, 그중 하나가 북위의 이숭李崇이 강주지방 도독都督으로 있을 때 일어난 사건이다. 동생 해사안解思安이 신역身役(나라에서 성인에게 부과하던 군역과 부역)을 지지 않으려고 도망치자 형 해경빈解慶賓은 책임을 회피하기 위해 동생이 죽은 것으로 위장할 계획을 세웠다. 이후 동생을 닮은 시체를 구해 동생이 살해당했다고 속여 매장하고는 군병 소현보蘇顯甫, 이개李蓋 등을 살인범으로 지목해 관에 무고했다. 이 범죄는 다른 무고 사건과 비교할 때 시체를 구해 남에게 살인죄 누명을 씌우는 행각을 벌였다는 점에서 죄질이 아주 불량했다.

이와 유사한 사건으로 시춘時春이란 자가 평소 자신과 사이가 좋지 않은 사람을 골탕 먹이려고 조카의 시체를 가져와 살인 누명을 씌운 사례도 있었다. 성품이 음흉하던 시춘은 주제朱齊와 사이가 벌어지자 주제가 어느 사내를 죽였다고 관에 무고했다. 이어 조카 시사나柴舍那

의 시체를 가져와 주제가 죽인 피해자라고 주장했으나, 자식의 시체를 찾아 나선 시사나의 어머니에 의해 전모가 밝혀진 황당한 사건이었다.

남의 시체를 빌리는 대신 가족의 시신을 범죄에 이용한 사례도 있었다. 아이가 친구들과 물놀이를 하다 익사하자 아이의 아버지 이준李俊이 저지른 범행이 그런 경우다. 당초 이준과 같은 농막에 사는 호발胡發이 아이를 물에서 건져내려다 실패했는데, 아이를 살려내지 못한 호발에게 앙심을 품은 이준이 자기 아이를 때려죽인 살인범으로 호발을 지목했다. 호발은 물에 빠진 남의 아이를 구하려다 졸지에 살인 무고를 뒤집어쓴 것이었다. 이외에 주기매朱其玟란 자가 아내가 병사하자 평소 원한이 있던 집안사람 주기창朱其昌을 아내 살해범으로 몰아간 사건도 이와 비슷한 경우다.

마지막으로 소개할 도뢰 유형은 스스로 목숨을 끊음으로써 남에게 살인 혐의를 씌우는 극단적 사례다. 해당 사건은 군영에 큰 빚을 진 섭명유聶明儒란 자가 원금과 이자를 갚을 능력이 안 되자 군영 병사들의 빚 독촉과 매질을 견딜 수 없으리라 판단하고 담용광譚龍光의 집 뒤에서 목을 매 죽으면서 시작되었다. 이는 엄연히 자살이지만, 유족 섭명전聶明傳이 담용광을 섭명유 살인범으로 무고함으로써 엉뚱하게 살인 사건으로 비화했다.

다산은 이처럼 중국에서 스스로 목숨을 끊는 마지막 선택을 감행해 엉뚱한 자를 살인 용의자로 몰아가는 사건이 발생하는 이유가 자살 원인을 제공한 사람이 유족에게 금전으로 보상해야 한다는 규정이

토막 난 시체의 모습. 청대 말 『점석재화보』 1886년 8월 24일 수록.

있기 때문이라고 꼬집었다. 『대명률』「형률」의 '위핍치사威逼致死' 조
문에 따르면 위세를 부리거나 능멸, 핍박함으로써 피해자가 두려움
을 느껴 자살한 경우 자살을 유발한 가해자는 형벌을 받음과 동시에
유족에게 장례비 명목으로 10냥을 줘야 했다. 이런 규정 탓에 장례비
같은 금전적 배상을 바라고 가족의 시체를 악용하는 각종 무고행위가
빈번하게 발생한다는 것이었다. 다산은 이들 사건에 대한 논평에서
원수의 돈을 가족 장례비로 사용하는 것은 결코 의롭지 못한 행위라
고 지적하면서, 당시 중국의 장례비 징수 규정은 인정을 무너뜨리고

풍속을 더럽히는 것으로 조선에서는 절대 본받지 말아야 한다고 역설했다.

범죄소설 속
사건들

　　　　　　　『흠흠신서』에서 흥미로운 점은 중국 판례 가운데 소설 속 허구의 이야기도 일부 포함되었다는 것이다. 중국 판례의 경우 다산이 여러 자료에서 다양한 사건을 선별해 실었는데, 특히 「비상전초」편에는 이어의 『자치신서』와 여상두의 공안소설『염명공안』에 나오는 사례들을 많이 발췌해놓았다. 즉, 「비상전초」편에 실은 전체 70건의 사례 가운데 38건이 『자치신서』, 19건이 『염명공안』에서 가져온 것이다. 이는 중국 관리들이 쓴 모범적인 사건 문서를 소개함으로써 조선 관리들에게 법률 문서 작성의 좋은 용례를 제공하려는 목적이었다.

　　『자치신서』는 정확히 말하면 『신증자치신서전집新增資治新書全集』이다. 이 책을 쓴 이어는 명나라 말기~청나라 초기의 베스트셀러 작가, 시인, 소설가이자 출판업자로, 『자치신서』는 1집(1663)과 2집(1667)을 합해 총 35권으로 구성되어 있다. 명·청대 지방관들이 관내에서 통치하며 작성한 여러 공문서와 사건 판결문을 실어 두루 참고할 수 있게 한 목민서 계통의 책이다. 『염명공안』은 『신각황명제사염명기판공안新刻皇明諸司廉明奇判公案』을 말하는데 명나라 말기에 유행하던 공안소설로, 일종의 범죄소설이다. 이 책을 쓴 여상두는 명나라 말기 복건 지방에서 인쇄소를 운영하던 출판업자로 통속소설 편집자, 저자로 도 활동했다. 이처럼 다산은 다양한 중국 판례를 소개하기 위해 명·청대 목민서와 함께 공안소설까지 읽고 활용했다.

그렇다면 다산이 소설 『염명공안』에 나오는 이야기를 굳이 『흠흠 신서』 「비상전초」편에 발췌해 넣은 이유는 무엇일까? 이는 사건 내용 이 비록 허구이긴 하나 소설 속 법률 문서 양식, 관리의 해당 사건 처 리 사례 등이 현실에도 도움이 되리라 판단했기 때문일 것이다. 실제 로 다산은 『염명공안』에서 뽑은 사례 19건 가운데 6건은 문장이 바르 고 숙련됐다는 점에서, 4건은 문장이 좋은 것은 아니지만 아전을 파 견해 사건을 조사한 방법이 참고할 만하다는 점에서, 나머지 9건은 내용이 자극적이고 황당하지만 고소장, 진술서의 전례로 삼을 만하다 는 점에서 불필요한 부분을 삭제해 실었다며 발췌 이유를 밝혔다.

『염명공안』에서 뽑은 사건 중에는 시체를 악용해 남을 무고한 일화 도 포함되어 있다. 그중 하나가 번창현에 사는 장간張簡이란 자가 누 이동생 운옥雲玉이 병사하자, 매부 계생計生이 누이를 때려죽였다며 거짓 고발한 사건이다. 장간은 자신의 누이이자 계생의 아내인 운옥 이 남편에 의해 원통하게 살해되었다고 하소연했다. 하지만 아내를 구타해 죽인 범인으로 내몰린 계생은 첫째, 아내가 병으로 죽었을 때 장모가 직접 염습했다는 점, 둘째, 시신 검시 과정에서 얻어맞은 흔적 등 이상한 점을 발견하지 못했다는 점을 들어 처남 장간이 자신을 무 고한 것이 확실하다고 변론했다. 조사 결과, 평소 매부 계생이 술에 빠져 매춘부 집에서 자고 생계에도 힘쓰지 않는 등 누이동생 운옥을 돌보지 않은 데 앙심을 품은 장간이 병사한 누이를 계생이 때려죽인 것으로 조작하려 한 사실이 드러났다.

가족 중 한 명이 병들어 죽자 그 허물을 남에게 뒤집어씌운 사례로는 덕화현에서 일어난 예달倪達 무고 사건이 있다. 예달의 형 예진倪進은 오鳴 씨 집안 묘지 근처의 나무를 몰래 베다 적발되었고, 토굴에 며칠 동안 갇힌 뒤 석방되었으나 집에 돌아오고 한 달 만에 병사했다. 이에 예달은 오 씨 집안의 오괴鳴魁가 형 예진을 묶어 땅속 토굴에 가두는 바람에 죽게 되었다며 오괴를 관에 무고했다. 관이 조사한 결과, 죽은 예진이 토굴에 갇힌 기간은 사흘을 넘지 않았으며, 석방되어 집에 돌아오고 한 달 뒤 음식을 넘기지 못할 정도로 심한 후두염을 앓은 끝에 죽은 사실이 드러났다.

이 두 사건 모두 소설 속 이야기지만 현실에서 도뢰 사건, 특히 가족의 죽음에 직면해 그 화를 엉뚱한 곳으로 돌리는 무고 행위가 적지 않았음을 짐작게 한다.

『염명공안』에서 발췌한 이야기는 재산 상속을 둘러싼 분쟁 때문에 아우와 조카를 살해한 사건, 농촌에서 물을 놓고 다투다 여인을 죽인 사건, 빚 독촉이 살인으로 이어진 사건, 음란한 승려가 일으킨 강간살인 사건, 의처증이 있는 남편이 아내를 살해한 사건, 아내의 간통을 알아챈 남편이 아내를 죽인 사건, 새의 울음소리를 듣거나 까마귀의 도움으로 시체를 찾아내 강도살인을 밝혀낸 사례 등 다양하다. 물론 다소 자극적이고 선정적인 내용, 원귀冤鬼의 도움이나 초자연적인 현

상으로 살인범을 밝혀낸 이야기도 포함되어 있긴 하지만 상당수가 도
뢰를 비롯해 당대 현실에서 일어날 법한 유형의 사건들이다. 우리는
이들 사례를 통해 명·청대 중국 사회의 안타까운 사건과 어두운 단
면, 극단의 갈등이 가져온 비극적인 파국 현장을 간접적으로 체험할
수 있다.

청대 발생한
배우자 살인 사건

　　　　　　　　다산은 살인 사건의 여러 유형 가운
데 부부 사이에서 일어난 사례도 『흠흠신서』에서 비중 있게 다루었
다. 청대의 일들을 모아놓은 「의율차례」편에는 모두 188건의 사건이
실려 있다. 다산은 사건 유형에 따라 이를 24개 항목으로 분류했으며,
그중에는 '항려지장伉儷之戕'과 관련된 사례들도 있다. '항려'는 부부
를 말하는 것으로, 이 '항려지장' 항목에 실린 18건은 남편의 아내 살
해 사건이다. 그리고 '시역지변弑逆之變' 항목에 실린 16건 가운데 10
건은 반대로 아내가 남편을 살해한 내용이다. '시역'은 부모, 남편, 주
인을 살해하는 중대 범죄를 가리키는데, 당시 윤리적으로나 법적으로
나 아내의 남편 살해는 남편의 아내 살해보다 훨씬 무겁게 인식되어
엄중히 처벌했기 때문에 따로 구분해놓았다. 이렇게 배우자 사이에
벌어진 살인 사건은 「의율차례」편에 실린 188건의 사례 가운데 28건
으로 전체의 15퍼센트에 달할 만큼 비중이 크다.

그런데 배우자 살인 사건은 「의율차례」편 외에 「비상전초」편에도 10건이 더 실려 있다. 남편이 아내를 목 졸라 죽이고 다른 사람을 무고한 사건, 반대로 아내가 남편을 독살한 사건, 간통한 아내와 남자를 함께 살해한 사건, 남편이 아내가 자살하는 데 원인을 제공한 사건 등이다. 다산이 이처럼 「의율차례」편과 「비상전초」편에 걸쳐 배우자 살인 사건을 소개한 이유는 무엇일까? 이는 다산이 특별히 이들 사건에 주목했기 때문이기도 하겠지만, 청대에 실제로 배우자 살인이 적지 않았음을 보여준다고 할 수 있다. 『심리록』을 보면 비슷한 시기인 정조 재위 1776년부터 1800년까지 발생한 인명 사건 1,004건 가운데 배우자 살인이 70건에 달했다.

배우자 살인은 어찌 보면 가장 가까운 사람을 죽이는 끔찍한 범행이 아닐 수 없는데, 「의율차례」편에 실린 몇 가지 사례를 통해 저간의 사정을 살펴볼 수 있다. 먼저 남편이 자신의 간통 사실을 숨기려고 아내를 죽인 사례로 복건 사람 구득성邱得成의 살처殺妻 사건을 들 수 있다. 구득성은 다른 여인과 관계를 가지면서 정이 들자 간통한 여자와 공모해 본처를 살해하는 완전범죄를 계획했다. 그래서 아내를 유인해 간통한 여자의 옷을 입힌 후 연못에 빠뜨려 죽이고 마치 간통한 여자가 자살한 것처럼 꾸몄다. 그러나 이 사건은 본처 살해 정황이 결국 드러남으로써 구득성의 잔혹한 범죄 행위가 만천하에 밝혀지게 되었다.

이와 유사한 사례로 기주 사람 백계조白繼祖의 본처 살인 사건이 있다. 백계조는 자신의 고종누이인 동대녀董大女와 간통하고는 이를 말

남의 아내를 꼬여내고 그 남편을 죽이는 모습. 청대 말 『점석재화보』 1893년 6월 9일 수록.

리는 임신 중인 아내 곽郭 씨에게 독약을 먹여 태아도 함께 죽게 했다. 상상하기 힘든 파렴치한 범죄를 저지른 백계조의 잔혹한 행위가 세상에 알려졌고, 그는 즉시 교수형에 처해졌다.

며느리와 간통하고 조강지처를 죽음으로 내몬 사건도 있었다. 안휘에 사는 영항산樊恒山은 며느리와 근친상간을 꾀하던 중 아내 오鳴 씨가 이를 꾸짖자, 아내를 구타해 강물에 투신자살하게 만들었다.

이런 사례들과 달리 아내가 간통을 저질러 남편이 아내를 살해한 일도 있었으니, 직례(현재 허베이성 즈리 지역) 조강현에 사는 소이蘇二

란 자가 아내 정鄭 씨를 죽인 사건이 그런 경우다. 오랫동안 나그네로 떠돌다 집에 돌아온 직후 아내 정 씨가 사생아를 낳는 모습을 목격한 소이가 그 즉시 아내를 구타살해한 사건으로, 간통 현장에서 아내를 붙잡아 죽인 경우 정상을 참작하는 예에 비추어 소이는 사형 대신 장형 80대 판결을 받았다.

또 시부모에 대한 불효를 이유로 남편이 아내를 살해한 사건도 있었으니, 광동의 하河 씨와 직례 융평현의 장張 씨가 각각 시아버지와 시어머니를 공경으로 섬기지 않는다는 이유로 남편에 의해 죽임을 당했다.

한편 아내의 남편 살해 사건 중에는 아내가 정부情夫와 모의해 함께 남편을 죽인 사례가 많다. 예를 들어 육충진陸忠進의 아내 풍馮 씨가 정부 이수림李秀林과 공모해 남편은 물론 시아버지까지 함께 죽인 사건, 추전괴鄒殿魁와 간통한 풍상馮祥의 아내 전田 씨가 남편에게 독약을 먹여 살해한 사건 등이 있다. 당시 이런 살부殺夫 사건의 경우 아내는 능지처참형으로, 정부는 참형으로 판결해 아내 살해보다 무겁게 처벌하는 것이 일반적이었다.

최근 성균관대 동아시아학술원의 박소현 교수는 『흠흠신서』에 실린 청대 살인 사건을 면밀히 분석한 연구를 통해 당시 배우자 살인 사건의 주요 원인이 간통, 매춘, 근친상간 등 여성의 성性과 관련 깊다는 사실을 밝혀냈다. 그런데 성범죄는 비단 배우자 살인 사건에서만 문제가 된 것이 아니다. 당시 사건 기록들을 분석해보면 18세기 중국 사회에서는 간통 및 치정 살인이 빈번하게 발생했으며 남녀 간 불륜,

중국에서 능지처참형을 집행하는 장면을 묘사한 판화. 『금산현보갑장정(金山縣保甲章程)』 수록.

즉 혼외 관계가 보편적인 사회현상임을 알 수 있다고 한다. 따라서 우리는 『흠흠신서』에 실린 다양한 중국 판례를 통해 명·청대 중국 민중의 생생한 문화와 생활상, 사회의 어두운 이면 등을 어느 정도 파악할 수 있다.

조선을 뒤흔든
사건과 사람들

정약용이 분류한
정조 대 사건의 유형

모든 형사 사건에는 당시 사회상
이 일정 부분 반영되게 마련이다. 이에 『흠흠신서』를 통해 우리는
명·청대 사람들의 일상생활 모습과 그것을 바라보는 다산의 시각을
어느 정도 파악할 수 있었다. 그런데 앞에서 언급한 것처럼 『흠흠신
서』는 전체 5편 30권으로 구성되어 있고, 그 절반에 해당하는 15권이
정조 대에 일어난 여러 살인 사건을 수록한 「상형추의」편이다. 「상형
추의」편은 『흠흠신서』에서 가장 많은 분량을 차지하는 핵심 부분으
로, 다산은 이 편에서 정조가 심리한 살인 사건의 각 기록을 다시 꼼
꼼히 정리하고 자신의 상세한 법학적 해석과 비평을 덧붙였다.

「상형추의」편에 실린 정조 대의 비극적인 살인 사건들을 통해 당시

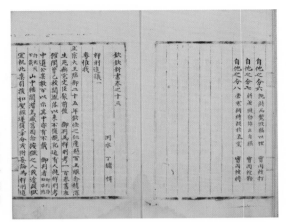

『흠흠신서』 「상형추의」편
앞부분으로, 「상형추의」편
에는 정조 대 발생한 살인
사건들이 실려 있다. 해당
면에는 다산이 참고한 책
자와 쓰게 된 배경이 적혀
있다. 장서각 소장.

백성의 삶을 살펴보기에 앞서 다산의 사건 분류 방식과 수록된 사건
들을 개관할 필요가 있다. 「상형추의」편에는 전체 144건의 사건이 22
개 항목으로 분류, 수록되어 있는데, 다산은 먼저 '주범과 종범의 구
별(수종지별首從之別)'이라는 항목을 두고 21건을 소개했다. 여기에 실
린 사례는 두 명 이상이 가담해 사람을 죽인 사건들이다. 예컨대 경상
도 장기현의 이맹삼李孟三이 두 사람에게 얻어맞아 죽은 사건의 경우
나무 몽둥이로 피해자의 이마를 때린 자가 한량汗良이고 발로 옆구리
를 걷어찬 자가 장소근張小斤으로, 누가 더 책임이 무거운지가 논란이
되었다. 다산은 각 사건을 소개하면서 여러 정황과 증거 등을 종합한
뒤 주범과 종범을 제대로 구분해 처리할 필요가 있다고 강조했는데,
이 사건에서는 몽둥이를 든 한량을 주범으로 삼아야 한다고 했다.

당시 조선에서는 법의학서 『무원록』의 규정에 의거해 두 명 이상이
공동으로 사람을 폭행해 죽게 한 경우 치명상을 가한 가해자 한 명만

사형에 처하고, 다른 가해자는 사형을 면해주는 것이 일반적이었다. 이와 같이 죽은 자의 목숨 값을 한 사람으로 한다는 '일인상명一人償命'의 양상이 일반화된 상황에서 누구를 주범으로 삼고, 누구를 종범으로 하느냐는 가해자들의 생사를 판가름하는 매우 중요한 사안이었다.

다음으로 '자살과 타살의 구분(자타지분自他之分)' 항목에는 사망자가 자살한 것인지, 아니면 남에게 살해된 것인지 애매한 사건들을 실었다. 전라도 전주의 양시돌梁時突이란 백성이 한설운韓雪云을 때려죽인 후 목매달아 자살한 것으로 위장한 사건, 충청도 남포 백성 김응종金應宗이 술에 취해 주정을 부리던 김치옥金致玉을 죽게 한 후 증거를 없애려고 시신을 시냇물에 던져 자살로 꾸미려 한 사건 등 모두 23건이 실려 있다.

'상해치사와 병사의 판별(상병지변傷病之辨)' 항목에서는 사망자가 상해로 죽었는지, 병사한 것인지에 따라 관련 피의자의 운명이 크게 뒤바뀐 사건 13건을 소개했다. 이 중에는 경기도 과천의 임소경林少京이 여인 임 씨를 걷어차 이마 등에 상처를 내 죽게 한 사건도 있다. 이 사건은 싸움 직후에는 살아 있던 임 씨가 닷새나 지나 죽은 점, 임 씨가 심한 감기에 걸렸다는 점 등으로 상해치사인지, 병사인지가 논란이 되었고, 결국 정조는 판결에서 병사했을 개연성을 고려해 가해자 임소경을 가볍게 처벌했다.

'고살故殺과 오살誤殺의 구분(고오지벽故誤之擘)' 항목에는 가해자의 범행이 고의냐, 과실이냐와 관련된 사건 7건을 실었는데, 그중 하나가 황해도 재령에 사는 어린아이 김석봉金石奉이 소의 등에서 떨어져 죽은 일이었다. 이 사건에서 피해자 김석봉은 들에서 소를 타고 강와 정姜臥丁의 집 앞에 도착했지만 강와정이 장난으로 장대를 휘둘러 소를 놀라게 하는 바람에 중심을 잃고 소의 등에서 떨어져 죽고 말았다. 이때 가해자 강와정 또한 열세 살에 불과했는데, 결국 그의 행동에 살해 의도가 없었고 김석봉이 과실에 의해 사망한 것으로 결론이 나 석방되었다. 이처럼 조선시대에도 오늘날과 마찬가지로 고의와 과실 여부는 피의자의 형량에 결정적 영향을 미쳤기 때문에 다산은 해당 항목에서 관련 판례를 제시하고 고의와 과실을 판단하는 방법에 대한 자신의 견해를 꼼꼼히 밝혔다.

이 밖에도 '정신이상자가 저지른 범죄의 용서(풍광지유瘋狂之宥)' 항목 2건, '죄를 남에게 덮어씌우기 위한 무고(도뢰지무圖賴之誣)' 항목 4건, '다른 사람에게 범행을 핑계 삼음(별인지위別人之諉)' 항목 6건, '다른 사물로 범행을 핑계 삼음(이물지탁異物之託)' 항목 2건, '호강한 자의 학대로 인한 살인(호강지학豪強之虐)' 항목 6건, '협박으로 인한 재앙(위핍지액威逼之阨)' 항목 3건, '복수살인의 용서(복설지원復雪之原)' 항목 5건, '정·리에 따른 용서(정리지서情理之恕)' 항목 8건, '의로운 기개로 사람을 죽인 자에 대한 감경(의기지사義氣之敕)' 항목 2건, '공무수행 중의 살인과 사사로운 살인의 판별(공사지판公私之判)' 항목 4건, '패륜적인 살인(이륜지잔彝倫之殘)' 항목 6건, '부부간 살인(항려지장伉儷之戕)' 항목 12건, '종과 주인 사이의 살인(노주지제奴主之際)' 항목 3건, '도적을 방어하다 발생한 살인(도적지어盜賊之禦)' 항목 3건, '임신부에 대한 살인

(포태지상胞胎之傷)’ 항목 5건, ‘연이은 죽음(효려지시殽臚之屍)’ 항목 2건, ‘오래된 시신의 검시(경구지검經久之檢)’ 항목 5건, ‘드물고 기이한 사건 (희이지안稀異之案)’ 항목 2건 등이다.

이런 식으로 다산은 정조 대에 발생한 사건 가운데 주목할 만한, 혹은 재검토가 필요하다고 판단되는 옥안을 선별한 뒤 해당 사건을 둘러싼 사람들의 행동, 사건 처리의 문제점, 관리들이 자주 범하는 실수, 정조의 판결 이유 등을 설명했다.

살인범, 인물 열전에 실리다

다산이 『흠흠신서』에 실은 정조 대 살인 사건 중에는 때로는 끔찍하고, 때로는 안타까운 사연이 적지 않다. 이들 사건 가운데 특히 흥미로운 사례는 1789년(정조 13) 김은애 金銀愛와 신여척申汝倜이 저지른 살인이 아닐까 싶다. 김은애는 전라도 강진현에서 발생한 잔혹한 노파 살해의 범인이었으며, 신여척은 전라도 장흥현에서 같은 고을 사람을 폭행해 숨지게 한 자였다. 그런데 놀랍게도 국왕 정조는 두 살인범의 사건 기록을 각각 검토한 뒤 이들을 석방했고, 신하에게 이들의 이야기를 소재로 인물 열전을 작성할 것을 명령했다. 언뜻 피도 눈물도 없을 것 같은 살인범이 위인 또는 기인이 등장할 법한 전기傳記에 이름을 올리게 된 셈이었다. 도대체 이들 사건에 어떤 사연이 있었던 것일까.

먼저, 살인을 저지른 김은애는 강진현 탑동리의 양갓집 딸이었다. 같은 고을에 살던 피해자 안 씨는 원래 창기倡妓 출신으로 성품이 간사해 구설이 많았으며 평소 김은애의 어머니와도 불화가 있었다. 그런데 안 씨가 남편의 조카손자인 최정련崔正連을 김은애에게 중매해 주는 조건으로 최정련으로부터 자신이 앓고 있는 병의 약값을 받기로 하면서 문제가 생겼다. 김은애가 안 씨의 중매를 끝내 거절하고 강진현 아전 김양준金養俊과 결혼하자, 중매 실패로 약값을 받을 수 없게 된 안 씨는 앙심을 품고 김은애가 결혼 전 이미 최정련과 사통私通했다는 모함을 퍼뜨렸다. 이에 결혼 전부터 거의 2년간 노파의 모함에 시달리던 김은애의 인내심도 한계에 다다랐다. 안 씨를 처단해 오명을 씻기로 결심한 김은애는 결국 식칼을 들고 안 씨의 집으로 갔다. 이후 김은애의 범행은 끔찍하기 이를 데 없었다. 칼로 왼쪽 목을 시작으로 안 씨를 무려 열여덟 번이나 찔러 살해했는데, 칼을 한 번 휘두를 때마다 한 번씩 꾸짖었다고 한다. 김은애는 다시 최정련 집으로 향하다 어머니의 만류로 돌아갔으니, 이처럼 참혹한 일을 저지른 그녀의 나이는 열여덟에 불과했다.

이 사건은 강진현감 박재순朴載淳을 거쳐 이듬해인 1790년 전라도 관찰사 윤시동尹蓍東(1729~1797)에 의해 정조에게까지 보고되었다. 현재 우리의 관점에서 보면 거짓 소문으로 피해를 입은 점을 감안하더라도 이웃 노파를 잔인하게 살해한 김은애의 행동은 용서받기 어려운 범행이다. 하지만 정조는 뜻밖의 판결을 내렸다. 정조는 "세상에서 가장 뼈에 사무치는 억울하고 분한 일은 정숙한 여자가 행실이 음란하다는 모함을 당하는 것"이라고 전제한 후, 김은애가 범행을 통해 자신의 떳떳한 과거를 알리고 불의에 저항하는 기개를 드러냈다고 평가하면서 그녀를 감옥에서 풀어주라고 명령했다. 억울하고 분한 일을 당하면 몸을 던져 자살하는 보통의 유약한 여인과 달리, 피 끓는 남자도 해내기 어려운 의로운 복수를 감행했다는 것이 그 이유였다.

그리고 정조는 두 가지를 추가로 지시했다. 첫째, 사건 내용 및 판결을 등사해 도내 여러 곳에 게시하게 했다. 이 사건이 교화와 풍속에 도움이 되리라 판단한 것이었다. 둘째, 김은애에 대한 이야기를 글로 짓게 했다. 김은애가 중국 전국시대에 살았다면 사마천司馬遷의 『사기史記』「유협전游俠傳」에 실렸을 것이라고 언급하면서 이덕무李德懋 (1741~1793)에게 김은애 사건을 이야기로 만들라고 지시했다. 『청장관전서靑莊館全書』*에 실린 「은애전銀愛傳」은 이렇게 해서 탄생했다.

김은애와 함께 이덕무의 인물 열전에 나오는 장흥의 신여척 역시 살인범이다. 사건은 같은 고을에 사는 김순창金順昌이 동생 김순남金順南을 폭행한 데서 비롯되었다. 하루는 김순창과 그의 아내가 밭에서 김을 매고 돌아왔는데, 보리가 두 되 줄어 있었다. 이에 집을 보던 동생이 훔쳐간 것으로 의심한 김순창은 절굿공이로 머리를 때리는 등 동생을 심하게 폭행했다. 이 소식을 전해 들은 신여척은 형제간 우애를 겨우 보리 두 되 때문에 내팽개친 김순창의 잘못을 엄히 꾸짖었고,

---

* 서얼 출신으로 정조 대 규장각 검서관을 지낸 학자 이덕무의 저술 총서. '청장관'은 이덕무의 호다. 아들 이광규가 편집하고, 이완수가 교정한 방대한 분량으로, 이덕무의 박학다식함을 알 수 있는 책이다.

이에 반발하는 김순창의 배를 걷어찼다. 그런데 다음 날 김순창의 숨이 끊어지고 말았다. 정조는 해당 사건의 판결에서 "형제간 다툼은 사람이 지켜야 할 도리에 어긋나는 중대한 사안이므로 우애를 도모하지 않은 죄는 법관이 아니더라도 엄히 다스리는 것이 당연하다"고 강조했다. 그러면서 동생을 가혹하게 학대한 피해자를 응징한 신여척의 행동은 의로운 기개에서 비롯된 것으로 용서받을 만하다고 판단해 석방을 명령했다.

이 두 사건에서 알 수 있듯이 살인이라는 끔찍한 결과를 초래하긴 했어도 그 행동이 어디에서 연유했고, 정황상 용서할 만한 것인지 여부는 사건 판결 시 주된 고려 사항이었다. 법 관념, 유교적 재판 원칙 등이 지금과는 다소 차이가 있었던 것이다. 비록 김은애와 신여척 모두 하나뿐인 귀한 사람 목숨을 빼앗은 살인범이었지만 국왕 정조의 판결에 따라 열전 주인공으로 새롭게 재탄생해 지금까지 인구에 회자될 수 있었다.

남편에게 희생된
아내의 안타까운 사연

생명을 앗아가는 치사 사건 가운데 가족과 친족이 각각 살인의 가해자와 피해자가 되는 옥사는 특히 안타까움을 자아낸다. 조선시대에도 혈연 사이에 적지 않은 살인 사건이 발생했는데, 『심리록』을 분석한 결과에 따르면 당시 전체 인명 사건 1,004건 가운데 16퍼센트를 차지하는 162건이 가족, 친족 간 갈등이 살인으로 이어진 경우였다. 그중에서도 배우자 살해의 비중이 가장 컸다.

다산은 이와 관련해 아버지 정재원이 울산부사 시절에 맡았던 사건을 『흠흠신서』에 실었다. 1790년에 오빠가 누이동생을 강에 빠뜨려 죽게 한 일로, 울산 태화강 뱃사공 문순삼文順三의 신고로 전모가 드러났다. 문순삼은 나루 앞에 있는 자신의 집에서 아침밥을 먹던 중 남녀가 뱃사공을 부르지 않고 단둘이 쪽배를 저어 강 중류까지 가서는 여인이 갑자기 물에 몸을 던지고, 남자는 여인을 구하지 않은 채 언덕에 쪽배를 댄 뒤 황급히 달아나는 광경을 목격했다. 울산부사는 사건을 조사해 오빠가 누이동생을 죽인 것으로 결론 내렸다. 즉, 출가한 누이동생이 시어머니에게 불효하고 남편에게 순종하지 않아 친정으로 쫓겨 왔음에도 절조節操를 저버린 채 다른 남자에게 개가改嫁하자 집안을 더럽혔다는 이유로 오빠 견성민堅聖民이 누이를 죽인 것이었다. 이 옥안에는 울산부사 정재원의 초검 보고서만 있고 정조의 판결은 빠져 있다. 다산은 누이동생이 비록 잘못을 저지르긴 했지만 죽어 마땅한 죄를 지은 것도 아닌데 오빠가 함부로 동생을 죽게 한 일은 용서받을 수 없는 행위라고 논평했다.

이 사건 외에도 「상형추의」편에는 가족, 친족 사이에 발생한 살인 사건이 여러 건 소개되어 있다. 다산은 중국 청대의 배우자 살해 사건 사례처럼 특별히 '부부간 살인(항려지장伉儷之戕)' 항목을 두어 정조 대 발생한 남편의 살처殺妻 사건 12건에 대한 옥안을 각각 실었다. 술에 취해 돌아온 황해도 신계의 박춘복朴春福이란 자가 아이들의 배설물로 집 안이 엉망인 상태에서 아내 강姜 조이의 잔소리까지 이어지자 홧김에 아내를 걷어차 숨지게 한 사건도 그중 하나다. 정조는 해당 사건들을 심리하면서 백성의 부부싸움이 잦고, 싸움이 지나쳐 폭행으로까지 이어지는 경우도 있다고 꼬집었다. 이는 당시 우발적으로 배우자를 폭행해 죽게 하는 사건이 종종 발생했음을 시사하는 대목이다.

배우자 살해 사건은 부부간 불화와 말다툼이 폭행으로 이어져 살인이라는 비극을 초래한 경우가 많았다. 하지만 남편이 아내를 살해하는 이유는 다양했다. 예컨대 1780년(정조 4) 경상도 안동에서 김험상金驗尙이 아내 김金 조이를 때려죽인 사건은 시아버지에게 욕하는 등 아내가 시부모에게 불효했다는 이유가 가장 크게 작용했다. 그리고 같은 해 서울에 사는 조명근曹命根이 아내 삼매三梅를 칼로 찔러 살해한 사건은 아내의 남성 편력과 뭇 남성들과의 화간和姦 소문 때문에 일어난 것이었다.

그런데 중국 청대에는 남편의 폭력에 강력히 대응해, 아내를 살해한 남편에게 보통 사형을 판결한 반면, 정조는 대부분 관용을 베풀어 사형이 아닌 유배형으로 감해주곤 했다. 정조가 이들 남편을 용서한 논리는 1787년 경상도 삼가 권도경權道經의 아내 살해 사건에서 엿볼수 있다. 권도경은 집안의 종을 다스리던 도중 죄 없는 아내 권權 조이에게로 화를 옮겨가 아내의 머리를 문지방에 찧고 이어 긴 몽둥이로 심하게 때려 아내를 죽게 했다. 아내가 죽은 마당에 남편마저 사형에 처한다면 남은 아들딸들을 돌봐줄 부모가 한 명도 없게 된다는 점

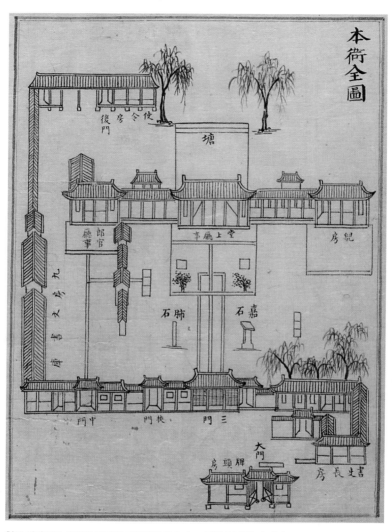

본아전도(本衙全圖)

형조 관아도로, 중앙에 당상관 집무실이 있으며 그 주변에 낭청 및 아전들이 근무하는 건물, 문서 보관고 등이 표시되어 있다. 정조 대 편찬된 『추관지』에 실려 있다. 규장각한국학연구원 소장.

을 우려한 정조는 사건을 판결하면서 율문을 그대로 적용해 권도경을 사형시키는 것은 옳지 않다고 지적했다. 그러면서 남은 자식들 때문이라도 죽은 아내 역시 저승에서 남편의 사형을 달가워하지 않을 것이라고 덧붙였다. 이렇듯 정조는 아내를 죽인 남편들의 경우 여러 정상을 참작해 법정 형량보다 낮은 유배형을 판결하곤 했다.

물론 살처 사건을 저지른 남편들이 모두 관용의 혜택을 받은 것은 아니다. 함경도 강계의 이종대李宗大가 사소한 일로 아내 전소 조이를 폭행해 죽이고는 물에 빠져 죽은 것처럼 가장했다 적발된 사건, 전라도 능주의 임성원林聖遠이 자신에게 맞아 숨진 아내 이李 씨를 목매 자살한 것으로 꾸민 사건 등에서 정조는 조사관들에게 형장을 엄히 가해 자백을 받아내라고 지시했다. 다산은 아내를 죽인 남편을 살려준 대다수 판례와 달리 이들 사건에서 정조의 비답批答이 매우 엄중했던 이유에 대해 범행 수법이 무척 잔인할 뿐 아니라, 아내가 죽은 뒤 사건을 조작하려 한 범인의 흉악한 마음을 미워했기 때문이라고 논평했다.

남편의 형량이 어찌되든 분명한 것은 죽은 아내가 살아 돌아올 수 없다는 점이었다. 따라서 남편의 형이 감해지더라도 가족의 삶이 파국으로 치닫는 것을 막기는 어려웠다. 그럼에도 배우자를 살해한 남편의 형을 가능한 감해주려 한 정조의 판단 기조에는 부인의 안타까운 희생에도 가해자인 남편을 풀어줌으로써 가족 해체는 막아야 한다는 당대 사대부의 보편적 인식이 자리 잡고 있었다고 할 수 있다.

사건에 비친
조선 사회의 이면들

『흠흠신서』에 실린 사건 중에는 조선시대 사람들의 평범하지 않은 일상을 보여주는 사례가 간혹 있다. 당시 중국에서는 시신을 가지고 남에게 죄를 뒤집어씌우는 무고행위가 적지 않았고, 다산은 조선에서 일어난 이른바 도뢰 사건 4건을 '죄를 남에게 덮어씌우기 위한 무고(도뢰지무圖賴之誣)'라는 항목으로 「상형추의」편에 실어놓았다. 이와 함께 다산 자신이 유배지에서 직접 목도한 사건 하나를 「전발무사」편에 소개했는데, 그것이 강진현에서 발생한 박광치朴光致 사망 사건이다.

1803년(순조 3) 4월 박광치의 아버지가 동네 사람 정화산鄭化山과 정억鄭億이 아들 박광치를 폭행하고 목매달아 죽게 했으니 두 사람을 처벌해달라고 관에 고발하면서 사건이 수면 위로 떠올랐다. 그런데 조사 과정에서 여러 가지 의심스러운 정황이 발견되었다. 시신에 얻어맞은 흔적이 거의 없을 뿐 아니라, 박광치가 목맸을 당시 바로 숨이 끊어지지 않고 엿새가 지나서야 죽었다는 유족의 진술도 고발 내용의 신빙성을 떨어뜨렸다. 강진현감은 1차 검시에서 사망자가 목매 자살한 것으로 판단한 반면, 2차 검시를 수행한 장흥부사는 박광치의 죽음을 타살로 보고 정억을 정범, 정화산을 간범으로 지목했다.

이처럼 사망 원인이 엇갈리고 사건의 진실이 모호한 상황에서 해남현감이 3차 검시를 했는데, 그 무렵 박광치의 아버지가 도주함으로써 사건 내막이 드러났다. 사건 당일 술에 취해 집에서 주정을 부리다

발가락 사이에 불을 놓는 가혹 행위 모습. 김준근 그림. 프랑스 국립기메동양박물관 소장.

아버지에게 지게 작대기로 얻어맞은 박광치가 홧김에 세 겹 삼끈으로 올가미를 만들어 집 뜰 앞 살구나무에 스스로 목을 매 죽었다. 그러자 자신에게 화가 미칠까 두려워진 아버지가 일전에 박광치와 크게 싸운 정화산 등에게 책임을 돌리려고 이들을 아들 살해범으로 거짓 고발한 것이었다. 이는 자살을 타살로 둔갑시켜 남에게 죄를 뒤집어씌우려는 전형적인 도뢰 사건으로, 다른 사람도 아닌 부모가 그런 일을 저질렀다는 점에서 더 큰 충격을 안겼다.

감옥에서 은밀하게 벌어지는 고질적인 토색질과 신고식 문제를 만천하에 폭로한 사건도 있는데, 바로 황해도 감영 소재지인 해주의 옥에서 1783년(정조 7)에 발생한 박해득朴海得 치사 사건이다. 해주 감옥의 옥졸 최악재崔惡才는 신참 죄수가 들어오면 늘 돈을 뜯어왔다. 하루는 새로 들어온 박해득에게 50냥을 요구했으나 거절당하자, 한 해 전 음주 폭행으로 사람이 죽은 사건에 연루되어 수감 중이던 고참 죄수 이종봉李從奉에게 박해득을 손봐주라고 지시했다. 이에 이종봉은 박해득을 담장 아래에 서게 한 후 목에 씌우는 칼끝을 두 발등에 올려놓고 새끼줄로 칼과 발을 묶어 괴롭혔다. 이에 몸을 구부리지도, 펴지도 못하는 상태가 된 박해득이 넘어지면서 담벼락에 목을 부딪혔고, 이내 목뼈가 부러져 죽으면서 치사 사건으로 비화했다. 이 사건을 계기로 정조는 옥중에서 간수들이 자행하는 토색질의 악습을 완전히 뿌리 뽑으라고 서울과 각 지방에 지시했다. 다산은 『흠흠신서』뿐 아니라 『목민심서』에도 특별히 이 사건을 소개하며 옥에 수감된 죄수를 상대로 한 불법 행위를 근절하기 위해서는 수령들이 특히 신경 써서 유념

할 필요가 있다고 당부하기도 했다.

한편 지방 토호나 관속이 양민을 괴롭히면서 가혹할 정도로 사적인 폭력을 행사하는 경우도 종종 있었는데, 「상형추의」편 '호강한 자의 학대로 인한 살인(호강지학豪强之虐)' 항목에 실린 6건이 이에 해당한다. 이 항목에 소개된 사건은 사적인 폭력이 결국 치사 사건으로 이어진 사례들이다. 이 중 1777년(정조 1) 경기도 파주의 양반 김진하金鎭夏가 이웃집 여인 주周 조이를 죽인 사건은 그 수법이 상당히 잔혹했다. 기록이 꼼꼼하지 못하고 간략해 사건의 전후 사정을 상세히 알기는 어렵지만, 김진하는 집안 종들의 꼬드김에 넘어가 주 조이를 대들보에 묶어놓고는 목화를 꼬아 만든 심지에 불을 붙여 양 볼기의 아홉 군데를 지져 끝내 죽게 만들었다. 그가 자행한 폭력적인 고문은 이전 시기 영조가 악형이라는 이유로 영구히 금지시킨 낙형烙刑과 다를 바 없다는 점에서 해당 사건을 심리하던 정조와 신료들의 공분을 샀다.

마지막으로 다산은 「상형추의」편의 '드물고 기이한 사건(희이지안稀異之案)' 항목에서 이해하기 어렵고 미스터리하다고 판단되는 사건 2건을 언급했는데, 그중에는 전라도 나주 백성 김점룡金占龍이 아내 몰래 몸을 섞던 여인과 함께 방에서 불타 죽은 사례가 있다.

사건 기록을 종합해보면 장인어른의 상중喪中이던 김점룡은 대상大祥을 마친 날 저녁 남몰래 음녀淫女와 함께 여관의 빈방을 얻어 잠을 잤고, 이튿날 두 사람 모두 불에 타 숨진 채 발견되었다. 사망 단서는 둘이 스스로 아궁이에 불을 지폈고, 깨진 그릇에 불을 모아 방으로 가지고 들어갔다는 점이었다. 그런데 여러 차례 검시를 해도 이 둘의 사망 원인이 쟁점이었다. 첫째, 방 안에 연기가 자욱한데도 남녀가 팔을 베고 발을 걸친 채 조용히 껴안고 누워 있었다는 점, 둘째, 방구들에 이상이 없는데도 불이 났으며 옷은 불탔지만 버선은 온전하다는 점 등 의심스러운 대목이 한둘이 아니었다. 전라도 관찰사는 검시 결과를 종합해 두 사람이 연기에 질식해 숨진 뒤 그릇에 모아 방으로 가지고 들어온 불이 솜옷에 옮겨붙으면서 밤새 탄 것이라고 정리했다.

하지만 다산은 관련 논평에서 이 사건을 일반적인 이치로 논할 수 없음을 지적하고, 이덕무의 글과 『능엄경楞嚴經』*의 예를 근거로 정욕이 화火를 불렀다는 독특한 의견을 제시했다. 즉, 정욕이 극도로 치솟아 음화淫火가 몸속에서 일어나면 장기가 타 죽을 수 있는데, 이 사건의 두 남녀가 바로 그런 이유로 죽었다는 가설이었다. 『흠흠신서』를 보면 다산이 매우 엄밀한 시각에서 인명 사건들을 객관적으로 분석하고 논평했다는 것을 알 수 있다. 하지만 예외가 존재하지 않을 수 없으니, 이 사건이 그런 경우라 할 수 있다. 기록된 정황만으로는 사건의 실체적 진실에 접근하기 어렵지만, 오늘날의 과학적 지식에 근거한다면 다산의 이와 같은 주장은 쉽게 수긍하기 어려운 면이 있다.

---

* 7세기 후반 인도에서 성립한 대승불교의 한 파인 밀교 사상과 선종의 사상을 담은 대승경전. 한국 불교 근본 경전의 하나로 10권으로 구성되어 있다

제4부

『흠흠신서』에 담긴
정약용의
형법사상

재판과 형벌 집행의 기본 원칙

'흠휼', 법관이 지녀야 할 마음가짐

다산은 『흠흠신서』를 편찬하면서 인명 사건의 1차 법관인 수령이 유념해야 할 재판 및 형벌 집행의 기본 원칙을 책 첫머리에 해당하는 「경사요의」편에 제시했다. 특히 「경사요의」편 3권 중 1권에는 유교 경전에서 뽑은 재판의 핵심 원칙과 법관이 항상 염두에 두어야 할 가르침을 담은 조문을 13개 항목으로 분류, 소개하고 다산 자신도 자세한 설명을 덧붙였다.

전통시대 중국 유자儒者들은 유교 경전을 옥사 판결의 근거로 삼았으며, 경전을 인용해 법조문에 주석을 다는 것을 이상으로 생각했다. 「경사요의」편 서문에서 법률에 해당 조문이 없는 경우 경전과 역사책을 근거로 해야 한다고 밝힌 데서도 알 수 있듯이, 다산 또한 전형적

『흠흠신서』「경사요의」편
부분으로, 경전과 역사책
에서 뽑은 유교적 재판
규범의 핵심을 담고 있
다. 장서각 소장.

인 유교 지식인의 법률관을 지니고 있었다. 따라서 다산이 제시한 이
들 13개 항목의 재판 지침을 분석함으로써 유교의 형법사상과 옥사
처리의 핵심 원칙이 무엇인지 살펴보고자 한다.

먼저 다산은 살옥을 처리할 때 법관이 유념해야 할 가장 기본 덕목
으로 흠휼欽恤의 자세를 꼽았다. 그는 생사여탈권生死與奪權을 가진 하
늘만이 유일하게 사람을 살릴 수도, 죽일 수도 있다고 생각했다. 즉,
목민관은 단지 하늘을 대신해 법을 집행할 뿐이므로 하늘을 공경하고
두려워하는 마음, 죄인을 불쌍히 여기는 마음으로 옥사에 임함으로써
살려야 할 사람을 죽이거나 죽여야 할 사람을 살리는 일이 없도록 해
야 한다는 것이었다.

'흠휼'이란 옥사를 신중히 처리하고 옥사에 연루된 자를 불쌍히 여
긴다는 뜻이다. 하늘을 대신해 사람의 생사를 결정해야 하는 만큼 수
령은 늘 두려워하는 마음으로 사건을 조심히 다루고 죄인을 가련히

여겨 억울해하지 않게 하라는 이야기다. 이처럼 흠휼은 다산이 옥사에 임하는 법관의 마음가짐 가운데 가장 강조한 부분으로, 다산이 책 제목을 삼가고 삼간다는 뜻의 '흠흠'을 넣어 『흠흠신서』로 정한 것만 봐도 이와 같은 자세를 얼마나 중요하게 여겼는지 짐작할 수 있다.

다산은 흠휼 외에도 법관이 지녀야 할 핵심 원칙이자 재판에 임하는 자세로 신문 과정에서 철저한 진술 청취, 명쾌한 판단과 신속한 옥사 처리, 뇌물수수 행위 금지 등을 열거했다. 먼저 사건 관련자의 진술을 듣는 방법에 대해서는 『서경』 「여형呂刑」편과 『주례』 「추관秋官」의 '소사구小司寇'에 나온 구절을 인용해 첫째, 편견 없이 삼가는 마음으로 헤아리며 양쪽의 의견을 잘 수용할 것과 둘째, 선량한 심성을 가지고 진심으로 사건에 임할 것을 강조하면서 셋째, 진술자의 말, 얼굴빛, 호흡, 청취 자세, 눈빛 등 유의해서 살펴야 할 신문 기법에 대해서도 언급했다.

다음으로 신속한 옥사 처리를 강조한 다산은 『서경』 「강고康誥」편의 구절을 바탕으로 과거 성왕聖王의 시대에는 옥사 처리 시한을 열흘이나 3개월로 정해놓아 옥사가 지체되는 일이 없었다고 설명했다. 그리고 이는 곧 수령이 밝고 신중한 판단으로 빠른 시일 안에 명쾌하게 옥사를 마무리 짓는 것이 중요하다는 주장으로 이어진다. 조선에는 '옥구폐생獄久弊生'이란 속언이 있었는데, 옥사 처리가 오랫동안 지체되면서 그에 따른 각종 폐단과 비리가 적지 않게 발생해 생긴 표현이다. 다산은 옥사를 불속이나 물속에서 사람을 구해내는 일처럼 신속히 처리해야지 절대 게을리해서는 안 된다고 강조했다.

다산이 옥사 처리의 열세 번째 원칙으로 내세운 것은 뇌물에 관한 사항으로, 이 또한 법관이 갖추어야 할 기본 덕목에 해당되었다. 다산은 죄를 가볍게 해준다는 명목으로 범인으로부터 받은 뇌물을 '옥화獄貨'라 했으며, 이를 받은 법관은 큰 재앙을 맞게 될 것이라고 경고했다. 실제로 강진현에 머물 때 살인 사건 피의자가 대부분 뇌물로 풀려나고 엉뚱한 자가 죄를 뒤집어쓰는 현실을 목도했다고 피력한 바 있는 그는 이런 상황을 강하게 성토하면서 현명한 수령이라면 절대 뇌물을 받지 말아야 한다고 주장했다.

고의인가, 과실인가?

다산은 법관이 명심해야 할 또 하나의 대원칙으로 사건 처리 시 고의와 과실의 명확한 구별을 내세웠다. 살인 사건이 발생했을 때 범행에 고의성이 있었는지, 아니면 단순한 과실에 의한 것인지는 형벌을 가중 또는 감경하는 데 중요한 기준이 되며, 피의자가 죽고 사는 문제도 여기에 달려 있었기 때문이다. 실제로 『서경』 「제전帝典」편에도 "생재사사眚災肆赦 호종적형怙終賊刑"이란 구절이 나오는데, 과오나 불운으로 지은 죄는 용서하고 고의범이나 재범은 사형에 처한다는 뜻이다. 다산은 『서경』의 여러 구절을 옥사 처리의 첫 번째 원칙으로 제시하면서 고의범은 죽이고 과실범은 살려주는 것을 사건 판결의 핵심으로 삼았다.

『대명률』은 사람을 죽인 경우를 여섯 가지 유형으로 구분해놓았다. 이에 비해 다산은 고의 또는 과실 유무에 따라 고의살故意殺, 투구살鬪殿殺, 과오살過誤殺 등 세 등급으로 나누고 처벌의 차이를 비교했다. 죄가 제일 무거운 고의살은 반드시 죽이겠다는 의도를 가지고 범행을 저지른 것이고, 투구살은 화가 나서 상처를 입힐 의도는 있었지만 본의 아니게 죽인 경우이며, 마지막으로 용서할 만한 사안이 되는 과오살은 과실과 착오로 뜻하지 않게 피해자가 죽은 것을 말한다. 다산은 이 세 가지 유형 가운데 투구살을 특히 신중하게 처리해야 한다고 생각했다. 투구살의 경우 범행 양상에 따라 가해자가 고의살에 준해 사형에 처해질 수도 있고, 과오살로 처리되어 사형에서 벗어날 수도 있었기 때문이다. 즉, 투구살 가해자는 터럭만큼의 미세한 차이로 생사가 결정되는 만큼 수령이 사건을 처리할 때 특히 주의가 필요하다는 의견이었다.

다음으로 다산은 살해 의도가 전혀 없어 형벌을 감경할 수 있는 과오살의 유형으로 불식不識, 과실過失, 유망遺亡을 거론했다. 이는 형량이 줄어들 수 있는 세 가지 사유인 '삼유三宥'에 해당하는 것으로, 『주례』에 나온다. 첫째, 불식은 갑이 원수인데 을을 갑으로 잘못 보고 죽인 것이고 둘째, 과실은 도끼로 나무를 베려다 잘못해 옆에 있던 사람을 죽게 한 경우이며 셋째, 유망은 휘장 또는 병풍 뒤에 있는 사람을 보지 못하고 무기를 던지거나 화살을 쏴 죽게 한 것을 말한다. 이처럼 과오살은 가해자의 과실이나 착오로 예기치 않게 발생한 사건인 만큼 정상을 참작해 용서해야 한다는 것이 다산의 일관된 의견이었다. 다

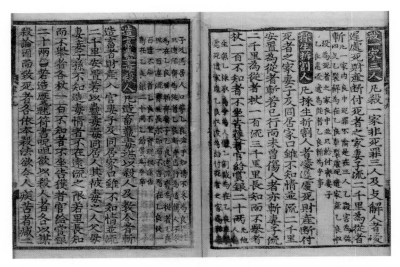

『대명률』의 한 부분으로, 오른쪽의 '살일가삼인(殺一家三人)' 조문은 일가족 3인을 죽인 패륜범에 대한 처벌 규정을 담고 있다. 규장각한국학연구원 소장.

산은 과오살의 경우 관에 신고하지 않고 가해자 측과 피해자 측이 개인적으로 화해, 합의하는 일 또한 문제될 것이 없다고 생각했다.

　한편 다산은 과오살과 함께 형벌을 사면해줄 수 있는 사안으로『주례』의 '삼사三赦'를 소개하고 있다. 삼사란 어린이와 노인, 정신이상자를 의미하는 유약幼弱, 노모老耄, 준우蠢愚를 말한다. 다산은 이들에 대한 기준이 중국 주周·한漢의 법,『대명률』과『대전통편大全通編』에서 약간 차이가 있음을 소개하고 법관들에게 조선 법전인『대전통편』을 위주로 하되 다른 기준들도 참고할 것을 권고했다.

복수살인 사건을
처리하는 기준

요즘에는 복수復讐를 앙갚음, 보복 등의 뜻으로도 쓰지만 전통적으로 중국과 조선에서는 대개 복수살인을 의미했다. 구체적으로는 부모, 형제 등 가족이 살해당했을 때 유족이 그 원수를 갚고자 가해자를 죽이는 행위를 말했다. 유학에서는 복수의 정당성과 당위성을 인정했는데,『예기禮記』「곡례曲禮」편에 나오는 "아버지의 원수와는 같은 하늘 아래 살지 않고, 형제의 원수에게는 병기兵器를 가지러 집으로 돌아가지 않으며, 친구의 원수와는 나라를 같이하지 않는다父之讐 弗與共戴天 兄弟之讐 不反兵 交遊之讐 不同國"는 구절이 유학의 복수 관념을 그대로 보여준다. 이는 곧, 부모의 원수를 즉시 살해해야 한다는 뜻이고, 형제를 죽인 원수가 있을 경우 항상 병기를 휴대해 언제 어디서 만나도 복수할 수 있어야 한다는 의미며, 친구의 원수가 적어도 같은 나라에 산다면 나라 끝까지 쫓아가 복수를 해야 한다는 뜻이다.

이처럼 유가儒家 지식인들이 복수의 의무를 강조한 반면, 법가法家 사상가들은 사적인 복수를 허용하지 않고 공권력에 의한 처벌만 인정했다. 따라서 복수를 어느 범위까지 허용할 것인가 하는 문제는 법을 집행하는 관리들 사이에서도 줄곧 논란이 된 사안이었다. 다산은『대명률』과『속대전』에 실린 복수살인한 자에 대한 감형 조문을 소개하면서 원칙적으로 복수가 필요하다는 점을 인정했다. 예컨대『대명률』은 조부모나 부모가 남에게 살해된 자손이 관에 알리지 않고 가해자를 마음대로 죽인 경우 정상을 참작해 장형 60대를 치게 했고, 조부모나 부모가 죽임을 당한 즉시 가해자를 살해한 자손에게는 복수한 죄를 아예 묻지 않았다. 『속대전』에도 아버지를 살해한 가해자를 유족이 복수를 명분으로 죽인 경우 『대명률』에 의거해 장형 60대에 그치게 한 형벌 규정이 실려 있다.

다산은 이렇듯 복수의 당위성을 인정하면서도 그 조건을 엄격히 제한해야 한다는 말을 잊지 않았다. 복수라는 미명 아래 행해지는 사적인 보복 행위를 방치하는 것은 공정한 법 집행 측면에서 결코 바람직하지 않다는 이유에서였다. 당시 복수살인 사건이 발생하면 그 경위를 제대로 조사하지 않고 절의節義만 높게 평가해 가해자에게 죄를 묻지 않는 일이 많았다. 심지어 가족의 사망 원인이 명확하지 않은데도 원수를 갚는다며 유족이 가족 사망에 연루된 자를 살해하고는 "복수했다"고 주장하는 일도 있었으니, 다산은 이와 같은 폐단을 강하게 비판했다.

다산은 복수의 남발을 막고자 『주례』와 『춘추공양전春秋公羊傳』*의 조문을 인용해 복수를 허용하지 않는 두 가지 기준을 제시했는데, '의살물수義殺勿讐'와 '수주불복受誅不復' 원칙이 그것이다. 먼저 의살은 의로운 살인이라는 말로 대악大惡, 불효不孝, 불우不友, 패역悖逆, 음란淫亂 등 그 행태를 용서할 수 없는 자를 대의大義로 죽이는 것을 의미한다. 따라서 '의살물수'는 도저히 용서할 수 없는 악행을 저지른 자를 죽인

* 공자의 『춘추』를 해석한 책으로 『곡량전』, 『좌전』 등과 함께 '춘추 3전(春秋三傳)'으로 불리는 중국 고대의 경서. 유가의 핵심 경서인 '13경' 가운데 하나다.

경우 그 유족이 가해자에게 복수하는 것을 허용하지 않는다는 원칙으로, 복수에 제한을 가하는 내용이었다. 수주는 죄를 지어 처형되는 것을 말하며, '수주불복'은 아버지가 유죄로 사형당한 경우 관리가 마땅히 해야 할 일을 한 것이니 그 아들이 복수할 수 없다는 뜻이다. 즉, 공무를 집행한 관리에게 복수하려는 유족의 행위에 제동을 거는 원칙이었다.

요컨대 다산은 기본적으로 복수의 당위성을 인정하면서도, 복수가 복수를 낳는 악순환을 끊고 법 집행의 혼란을 막기 위해서는 복수의 허용 범위를 엄격히 제한해야 한다고 주문하고 있다.

정상을 참작할 필요 없는 대역죄 처벌

다산은 과실치사를 범하거나 복수살인을 한 가해자에게는 형벌을 감해줄 것을 권고한 반면, 인륜을 저버린 중대한 강상범죄는 엄형으로 다스리고 절대 용서하지 말라고 했으니 '난륜무사亂倫無赦'와 '시역절친弑逆絶親' 원칙이 그것이다.

다산은 『서경』「강고康誥」편에 나오는 "하늘이 백성들에게 준 인륜이 크게 없어지고 어지러워지면 속히 문왕文王이 만든 형법을 적용해 가차 없이 처벌하라"는 구절을 인용하면서 부자와 형제 등 가족 간 살인은 엄히 다스려야 한다고 주장했다. 여기서 난륜亂倫은 가족 구성원을 대상으로 한 살인처럼 인륜, 도덕을 저버린 행위를 말하는 것

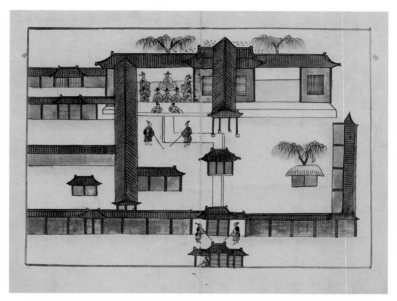

의금부 관원들이 계모임을 하는 모습으로 조선 후기 의금부 관아의 배치를 알 수 있다. 『금오당랑 계첩(金吾堂郎契帖)』 수록. 국립중앙박물관 소장.

으로, '난륜무사'는 곧 난륜 범죄를 저지른 사람은 용서할 수 없다는 의미다.

다음으로 시역弑逆은 군주, 부모, 남편 시해와 같이 윤리적으로 도 저히 용납할 수 없는 패륜 범죄를 말하는데, 시역을 저지른 자와는 '친親', 즉 가족의 연을 끊는다는 것이 '시역절친'의 뜻이다.

다산이 제시한 『춘추좌씨전春秋左氏傳』*에는 노나라 장공莊公의 어머 니 강姜 씨와 관련된 고사가 나온다. 강 씨는 노환공魯桓公에게 시집가

* 중국 춘추시대 노나라의 태사(太史) 좌구명(左丘明)이 공자의 『춘추』를 풀이한 책. 모두 30권으로 '좌씨전(左氏傳)', 혹은 '좌전(左傳)'으로 약칭되기도 한다.

아들 장공을 낳았는데, 후에 남편을 제양공齊襄公에게 참소해 죽게 만들었다. 장공에게 강 씨는 어머니인 동시에 아버지를 죽인 원수였기에 장공은 강 씨가 제나라로 도망가도록 허용하면서도 모자간 인연을 영원히 끊어버렸다. 가족의 기본 의리를 끊을 만큼 인륜을 저버린 시역 행위를 무겁게 인식했음을 보여주는 사례다.

이와 관련해 다산은 「경사요의」편 3권에서 역사책에 나오는 사례를 여러 건 소개했는데, 그중 하나가 한나라 경제景帝 때 방년防年이란 자가 계모 진陳 씨를 자신의 아버지를 죽였다는 이유로 살해한 사건이다. 계모도 어머니이므로 법에 근거하면 방년은 어머니를 시해한 대역 죄인이라 극형을 받아야 마땅했다. 하지만 계모가 아버지를 죽인 날 계모와 방년의 모자간 인연도 끊어진 것으로 간주되었다. 이에 계모를 죽인 방년은 '시역절친'의 뜻에 따라 정상이 참작되어 규정보다 가벼운 형벌을 받았다.

이처럼 시역은 결코 용납할 수 없는 패륜 행위로 인식되었기에 중국 고대 이래로 가장 무거운 형벌로 가해자를 처단했다. 예를 들어 『예기』「단궁檀弓」편에는 주루邾婁 나라의 정공定公이 천명한 시역 사건의 처벌 원칙이 나온다. 이 원칙에서 정공은 군주가 시해된 경우 모든 관원이 범인을 가차 없이 죽이고, 아들이 아버지를 시해한 경우 모든 집안사람이 범인을 죽여 용서하지 말라고 했다. 아울러 범인을 죽인 후 범인의 집을 헐고 집터를 파내 웅덩이로 만들라 하고, 군주에게는 한 달이 지난 후 술잔을 들게 했다. 조선에서는 강상죄인이 나오면 '파가저택破家瀦澤'이라 해서 죄인의 집을 허물고 웅덩이를 팠는데, 이 규정이 바로 여기에서 연원한 것이다. 다산은 『예기』에 나온 고사를 인용하면서 시역 사건은 정상을 참작할 필요 없이 극형으로 다스려야 함을 재차 강조했다.

한편 다산은 난륜, 시역 같은 대악이나 패륜 행위는 아니지만 도적떼의 약탈 행위도 엄중히 처벌해야 한다는 뜻을 분명히 했다. 그는 『주례』「추관」의 '조사朝士'에 나오는 "도적이 떼를 지어 고을과 집을 공격할 때 누구든지 이들을 죽여도 죄가 되지 않는다"는 구절을 인용하면서, 백성이 현장에서 명화적明火賊(조선시대에 주로 횃불을 들고 약탈을 자행한 강도집단)을 처벌해도 된다고 밝혔다. 이 『주례』의 정신은 실제로 『대명률』에도 반영되어 밤에 아무 이유 없이 남의 집에 침입한 사람을 집주인이 현장에서 살해한 경우 죄를 묻지 않는다는 규정이 실려 있다.

신분에 따른
형벌의 차등 적용

끝으로 다산이 「경사요의」편에서 언급한 법관이 지켜야 할 중요한 원칙에는 의친議親과 의귀議貴의 지위에 있는 자를 예우하는 조치도 포함되어 있다. 이는 의친과 의귀가 범죄를 저지른 경우 일반인에 비해 형벌을 감면해줘야 한다는 내용이다. 이를 보면 다산 또한 법 집행과 관련해 근본적으로 유학의 가르침에서 크게 벗어나지 못했음을 알 수 있다. 신분이 명확히 나뉘고

상하 질서가 엄격하게 적용되는 사회에서 일정 신분의 사람에게 형법상 특권을 인정해주자는 유학자들의 주장에 다산도 동의하고 있는 것이다.

구체적으로『주례』「추관」의 '소사구'는 형벌을 감면해줄 여덟 가지 대상을 가리켜 '팔벽八辟'이라고 했다. 이는 곧『대명률』의 팔의八議를 말한다. 이에 해당하는 인물은 왕실의 일정 범위 친족으로 구성된 의친議親, 왕실에서 오랫동안 알고 지낸 친구인 의고議故, 덕행이 뛰어난 현인과 군자인 의현議賢, 도덕과 기예를 갖춘 의능議能, 국가에 큰 공을 세운 의공議功, 대부 이상의 고위 관리를 뜻하는 의귀議貴, 힘써 나라를 섬기는 의근議勤, 국빈에 해당하는 의빈議賓 등이다. 다산은 국왕의 사신이 살인을 저지른 경우 항상 목숨으로 갚기를 청하는『국조보감』의 관행이 잘못되었다고 비판하면서, 사신은 팔벽에 해당하는 만큼 법률 조문에만 얽매이지 말고 형을 감면해줘야 한다고 주장했다.

다산은 이와 같은 자신의 주장과 관련해『맹자』에 나오는 도응桃應과 맹자孟子의 유명한 문답 내용을 소개했다. 도응이 맹자에게 한 질문의 요지는 천자인 순舜 임금의 아버지 고수瞽瞍가 살인을 저질렀다면 법관 고요皐陶가 어떻게 처리해야 하는가였다. 이에 대한 맹자의 답은 명쾌했다. 법관 고요는 법에 따라 임금의 아버지인 고수를 체포할 따름이며, 순 임금은 고요의 법 집행을 금지시킬 수 없으므로 아버지 고수를 몰래 업고 바닷가로 도망가 부자가 함께 즐겁게 사는 방법을 택해야 한다는 것이었다.

하지만 다산은 법관 고요가 법대로 고수를 체포한다면 순 임금이 아버지를 몰래 업고 달아날 수 없을 것이라고 전제한 후 장문의 논변 論辨으로 맹자의 주장을 정면 반박했다. 다산의 요지는 고수가 임금의 아버지이므로 설령 살인을 했더라도 의친 예우 차원에서 고요가 법대로 처벌할 수 없다는 것이었다. 결국 "순이 천자가 되고 고요가 법관이 되었을 때 고수가 사람을 죽였다면 어떻게 합니까?"라고 묻는다면 "감히 법을 집행하지 못한다"고 대답해야 옳다는 이야기다. 이 대목에서 다산이 죄를 진 자의 신분에 따라 형벌을 차등 적용하는 것을 원칙적으로 정당화하고 있음을 재차 확인할 수 있다.

'정당한 복수'와
'의로운 살인'을 논하다

중국에서
복수 논쟁

　　다산은 유교 경전에서 법관이 지녀야 할 원칙을 뽑아 『흠흠신서』 「경사요의」편에 제시했는데, 그 가운데 하나가 복수살인 사건의 올바른 처리 문제다. '살인자사殺人者死', 즉 살인한 자는 죽인다는 것은 오래전부터 통용되던 법 집행의 원칙이었다. 하지만 이와 같은 원칙에도 『예기』 등 유교 경전에서는 복수를 오히려 고무하고 장려해 이 지점에서 국가 법률法律과 예서禮書가 충돌하고 있었다. 그렇기에 복수살인 사건이 발생하면 법적으로 어떻게 처리할지가 늘 쟁점이 되었다.

　　복수살인 사건의 처리 문제는 형법사상의 중요한 부분 가운데 하나인 만큼, 다산이 가진 복수의 개념과 그 무렵 일어났던 여러 복수살인 사건에 대한 그의 의견을 분석해볼 필요가 있다. 결론부터 말하면 다산은 경전에서 이야기하는 복수의 당위성을 인정하면서도 복수살인이 남발되지 않도록 복수의 허용 범위를 엄격하게 제한해야 한다는 의견을 내세웠다.

먼저 복수 개념과 복수살인 사건의 처리를 둘러싼 중국 내 논쟁부터 살펴보기로 하자. 법사학자인 심희기 연세대학교 교수의 연구에 따르면, 중국과 우리나라의 옛 문헌에 나타나는 복수란 용어는 지금처럼 앙갚음, 보복이란 포괄적 의미가 아니라, 특정 사안을 가리키는 한정적 뜻을 지녔다. 즉, 복수 주체는 피해자 자신이 아닌 피해자의 가족이나 친구 등 연고자이고, 복수 내용은 살인이었다. 따라서 조선 시대 형사 사건에서 복수는 생명, 신체, 명예, 권리, 인격 등의 부당한 침해에 맞서 해당 피해자의 가족이나 친구가 가해자를 살해하는 복수살인을 의미한다. 문제는 유교 경전에서 장려하는 복수를 무한정 용인할 경우 법질서가 훼손될 뿐 아니라 참혹한 복수극이 되풀이될 수도 있다는 점이었다.

이런 문제 때문에 중국에서는 오래전부터 복수를 허용할지, 금지할지를 둘러싸고 의견 충돌이 계속되어 왔다. 그중에서도 아버지의 복수를 위해 관리를 살해한 당나라 때 '복수살관復讎殺官' 사건에서 진자앙陳子昻과 유종원柳宗元 사이의 논쟁이 대표적으로, 「경사요의」 편 2권에 실려 있다.

당나라 측천무후則天武后 시절 하규지역에서 아버지 서상徐爽이 고을 수령 조사온趙師韞에게 죽임을 당하자 아들 서원경徐元慶이 아버지

유종원의 초상.

의 원수를 갚는다며 수령을 칼로 찔러 살해하고 자수한 사건이 발생했다. 이때 조정에서는 고을 수령을 죽인 서원경을 어떻게 처리할 것인지가 논란이 되었다. 당시 간관諫官이던 진자앙은 서원경의 행위는 살인 금지라는 현행법을 어긴 것이 명백하므로 사형을 시켜 처벌하되, 그 고을에 정문旌門을 세워 아버지를 위해 의로운 행동을 한 그의 절의는 기리자고 건의했다. 법적으로는 유죄이므로 처벌하고 도덕적으로는 표창해야 한다는 진자앙의 주장은 법과 예를 모두 중요시했다는 점에서 의미가 있다. 단, 복수살인 행위는 적어도 법적으로는 유죄임을 분명히 하고 있다.

반면 유종원의 생각은 달랐다. 유종원은 복수에 관한 자신의 의견을 정리한 「박복수의駁復讐議」라는 글을 통해 복수의 기준을 명확히 한 후 정해진 범위에서 복수의 정당성을 인정해야 한다고 주장했다. 또한 예禮와 형刑 모두 혼란을 방지한다는 근본 목적은 같고 적용 방법만 다를 뿐이므로 예로써 표창할 만한 자를 처벌했다면 형벌을 남용한 것이요, 벌을 주어야 할 자를 표창했다면 예의를 무너뜨린 행위라고도 했다. 즉, 형벌과 표창을 동시에 병행할 수는 없다며 진자앙의 견해를 비판한 것이다. 이어서 유종원은 두 가지 가능성을 제시했다. 첫째, 서원경의 아버지 서성이 죽을죄를 짓지 않았는데도 수령이 사사로운 원한과 분노, 편견 때문에 죄 없는 사람을 처형했다면 서원경의 복수 행위는 예의를 지키고 의리를 실천한 옳은 행위이므로 처벌할 수 없다는 것이고 둘째, 서원경의 아버지가 죄를 면할 수 없고 수령의 처형이 법에 어긋남이 없다면 서원경의 수령 살해는 아버지를 위한 진정한 복수로 볼 수 없으므로 법에 따라 사형에 처해야 타당하다는 것이었다. 요컨대 유종원의 주장은 복수 허용 기준을 명확히 세워 그 범위에서는 복수살인의 죄를 물어서는 안 된다는 것이 핵심이었다.

다산은 『흠흠신서』에서 복수에 관한 경전 구절과 다양한 논설들을 검토, 비판하면서 유종원의 견해를 적극 지지하고 한정적 무죄론의 입장에서 복수를 바라봤다. 즉, 복수살인 사건을 다룰 때 원수를 맺게 된 근본 원인을 따져 복수할 만한 경우에는 의로운 행위로 여기되, 그렇지 않은 경우는 죄가 됨을 강조한 것이다. 유종원처럼 복수 범위를 엄격하게 제한하면서도 정당한 복수 행위를 인정한 다산의 견해는 당시 일어난 복수살인 사건들에 대한 논평에서 상세히 확인할 수 있다.

정조 시대의 아찔한 복수극

『흠흠신서』에서 다산은 복수살인 사건을 처리하는 바람직한 방법과 복수의 판단 기준에 대해 여러 차례 자신의 견해를 피력하고 있다. 그만큼 살인 옥사에서 어느 범위까지를 정당한 복수로 인정할 것인지는 법관들이 늘 고심할 수밖에 없는 까다로운 문제였다. 정조 대에 발생한 두 사건을 통해 다산의 생각을 좀 더 들여다보자.

먼저 황해도 평산에서 1787년(정조 11)에 일어난 사건으로, 김대한金大漢이란 백성이 자신의 형 김초동金草同이 물에 빠져 죽자 가해자 김연석金延石을 복수살해한 내용이다. 김연석은 둑 위에서 김초동과 싸움을 벌이다 그를 떼밀어 물에 빠져 죽게 만들었다. 사고 소식을 듣고 격분한 동생 김대한과 사촌 등 유족 6~7명이 한꺼번에 뛰어나가 가해자 김연석을 묶어놓고 집단 구타했으며, 김연석 또한 이틀 만에 사망했다. 이후 김대한이 사건의 정범으로 지목, 체포되었으나 그의 살인 행위를 어떻게 볼 것인지가 쟁점이 되었다. 국왕 정조는 사건 판결문에서 형의 시체가 물속에 있는 것을 목격하고 분노가 치밀어 뒷일은 생각지도 않은 채 눈앞에 있는 원수를 구타한 행동은 천리天理나 인정人情으로 보아 당연한 처사라고 했다. 결국 최종 판결에서 정조는 김대한의 석방을 지시했으니, 형의 죽음을 목도한 동생 김대한의 분노를 용서할 만한 자연스러운 감정으로 여겼던 것이다.

다산은 해당 사건에 대한 논평에서 정조보다 한발 더 나아간다. 그

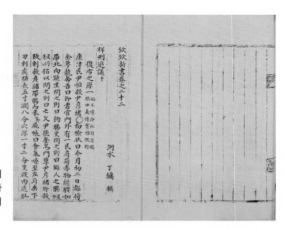

欽欽新書卷之二十二

洌水 丁鏞 輯

祥刑追議十

俄雪之原一根不礙分忛原情
庚津民尹恒殺尹彥緖○勅勘狀
金華龍谷吉即官門外有一民身首
晷北向驗吏問之刑曰拘勝齊腹如
兄峰招以聞之則曰父尹德爲高門
故割殺眞喙帶鵬爲本身虎帳之弓表下
刀判胸橫長五寸澗八分穴淥一寸二

『흠흠신서』「상형추의」편에 실린 윤항의 복수살인 사건에 대한 내용이다. 장서 각 소장.

는 김대한의 복수살인은 애초 살인 옥사가 성립될 사안도 아니라고 지적했다. 즉, 김초동이 김연석에게 살해된 것이 분명하다면 김연석은 살인범이므로 죽어 마땅하며, 당연히 죽어야 할 사람을 유족이 복수살해한 것은 죄가 되지 않는다는 논리였다. 요컨대 죽을죄를 지은 자에게 부모와 형제 등 가족이 복수한 경우 다산은 법으로 용서할 만한 정당한 행위라고 판단했다.

정조 대 또 다른 가족 복수극이 평산 사건과 같은 해에 전라도 강진현에서 발생했다. 아들이 아버지를 위해 복수를 감행한 이 사건은 매우 참혹한 방법으로 복수살인을 했다는 점에서 많은 사람에게 큰 충격을 안겼다. 사건은 평소 적서嫡庶 간 갈등이 있던 윤尹 씨 집안에서 일어났는데, 적자 윤덕규尹德圭가 서자 윤태서尹泰緒·언서彦緒 형제와 창고 마당에서 곡식 문제로 다투다 얻어맞아 죽으며 시작되었다. 그런데 문제는 윤덕규가 싸움이 벌어지고 38일 만에 숨졌다는 점이

누이가 오빠 대신 복수하는 모습. 청말 『점석재화보』 1897년 1월 27일 수록.

었다. 윤덕규가 서자 윤 씨 형제와 다툼이 있고 한참 후에 죽었기 때문에 사망의 직접적인 원인을 윤 씨 형제의 폭행으로 볼 것인지, 아니면 병사로 볼 것인지가 애매했다. 결국 관에서는 윤 씨 형제를 석방했다. 그러자 윤덕규의 아들 윤항尹恒이 아버지의 원수가 정당한 죗값을 받지 않고 옥에서 풀려났다는 사실을 용납할 수 없다며 칼로 윤언서를 살해해 결국 끔찍한 복수극으로 비화했다.

아버지의 원수를 죽인 윤항의 복수를 어떻게 봐야 할 것인가? 정조는 해당 사건의 판결에서 살인자는 사형에 처한다는 법 규정이 있어도 그동안 부모를 위한 복수 행위는 용서해왔음을 전제하고, 살인범 윤항의 복수 또한 의로운 행동으로 규정해 풀어주었다. 아울러 풍속을 순화하는 데 기여할 수 있다는 판단 아래 각 도에 윤항의 석방 사실을 게시해 부모를 위한 아들의 행동을 기리도록 했다. 정조는 설령 살인으로 이어지더라도 의로운 복수는 죄가 되지 않는다는 입장을 일관되게 유지했던 것이다.

다산 역시 죽은 아버지를 위한 윤항의 복수가 용서받을 수 있는 의로운 행동이라는 정조의 판결에 동의했다. 다만 윤항의 복수극이 지나치게 잔인한 점은 문제로 삼았다. 윤항은 아버지의 원수 윤언서를 죽인 후 그의 배를 갈라 간을 꺼내 씹어 먹었을 뿐 아니라, 내장을 어깨에 메고 창자를 허리에 띠처럼 두르고서 관아에 자수하는 광경을 연출했다. 다산은 복수는 원수의 목숨을 거두는 것으로 충분하지 윤항의 행동처럼 잔혹해서는 곤란하다는 점, 따라서 비록 정조의 처분대로 윤항을 석방하는 것이 옳지만 복수 후 전례 없이 끔찍한 행동을 벌인 부분에 대해서는 징계해야 한다고 덧붙였다.

이렇듯 정조와 다산은 가족을 죽인 가해자에게 복수하는 것은 의로운 분노에서 비롯된 불가피한 행동이므로 용서해야 하며, 심지어 아름다운 풍속이라는 입장을 피력하기도 했다. 그렇다면 다산은 모든 복수극을 정당한 행위로 간주했을까? 그렇지 않다. 실제로 다산은 정당한 복수, 의로운 살인 행위를 매우 제한적인 범위에서 허용할 것을 주장했다. 즉, 살인 사건 가해자가 지나치게 온정주의적으로 처분받는 상황을 신랄하게 비판했을 뿐 아니라, 이로 인한 폭력의 남발과 악순환을 경계했다.

어떤 행위가
'의로운 살인'인가?

다산은 가족을 위한 살인을 무조건
복수살인으로 간주해 용서해서는 곤란하며, 복수살인의 범위를 매우
제한해야 한다는 생각을 가지고 있었다. 이는 그의 '의살義殺'에 대한
의견에서 분명히 드러난다. '의살'은 의로운 살인이라는 뜻으로, 정
당한 복수살인 행위는 의살 범주에 포함될 수 있었다. 의살이란 용어
는 『주례』 「지관地官」의 '조인調人'에 "살인을 했는데 의로운 경우(살
인이의殺人而義)에는 피해자 가족이 살인자를 죽여 죽은 자의 원수를
갚지 못하게 한다"는 구절에 등장한다. 이 구절을 통해 『주례』에서
의로운 살인은 살인죄를 물을 수 없는 정당한 행위로 간주되었음을
알 수 있다.

이 구절의 해석과 관련해 후한 말기 대표적 유학자인 정현鄭玄은 부
모, 형제, 스승이 모욕을 당한 경우 모욕한 자를 죽이는 것은 불의에
대항한 의로운 살인이라고 봤다. 당나라 학자 가공언賈公彦 또한 옛사
람들은 매우 질박했기 때문에 제삼자가 굴욕적 상황에 처한 모습을
목격하면 분연히 일어나 가해자를 죽일 수 있었다고 했다. 이와 같은
해석은 남을 모욕한 자를 살해한 행위는 용서될 수 있다는 논리로 이
어진다.

다산은 이런 정현과 가공언의 해석을 정면으로 비판했는데 의살, 즉 의로운 살인의 범위를 명확히 제한해야 한다는 주장이었다. 단순히 내 아버지와 형에게 모욕을 가했다고 사사로이 사람을 죽이는 일은 결코 의살로 볼 수 없다고 강조한 다산은 대악大惡, 불효不孝, 불우不友, 패역悖逆, 음란淫亂 등 그 정상이 참작되지 않는 자를 대의大義로 죽이는 것만을 의살로 간주했다. 요컨대 다산은 의로운 살인, 정당한 복수의 범위를 너무 넓게 잡아 단순한 모욕에도 복수살인을 벌이는 행위를 결코 용납해서는 안 된다고 생각했다.

황해도 곡산부사 시절 수안군 최주변 옥사에 복검관으로 참여해 쓴 보고서를 보면 의살에 대한 다산의 입장이 분명히 드러나 있다. 이 옥사는 수안군 창고지기 최주변이 동료 민성주와 장난을 치다 발목을 다쳐 한 달이 지난 뒤 사망했고, 최주변의 아내가 죽은 남편의 복수를 한다며 민성주를 잔인하게 살해한 사건이었다. 해당 사건의 보고서에서 다산은 "시골의 어리석은 부녀자는 대개 지아비가 죽으면 원수를 갚아야 한다는 말만 듣고 그것이 죽일 일이 아니라는 사실을 생각지 못한다. 따라서 살인을 저지른 그녀에게 정당한 복수 행위는 처벌하지 않는다는 율문律文(형법 조문)을 그대로 적용해서는 안 된다"고 지적했다. 민성주가 남편을 죽였다고 확신할 수 없는 상황에서 최주변의 아내가 그를 살해한 행위는 결코 불의에 따른 의로운 분노(의분義憤)의 표출이라 볼 수 없고, 당연히 정당한 복수가 아님을 분명히 한 것이다. 이와 동시에 다산은 편협한 분노 때문에 해서는 안 될 복수를 감행하는 세태도 강하게 비판했다.

윤리적으로 죽어 마땅한 자에 대한 정당한 복수와 진정으로 의로운 살인 행위만을 무죄로 인정해야 한다는 다산의 견해는 경상도에 사는 노비 복순福順의 살해 사건에서도 확고히 견지된다. 이 사건은 누이동생 복점福占이 시집에서 구박을 받아 강에 투신자살하자, 복순이 복점의 남편을 묶고 시어머니를 때려 시어머니가 죽은 경우다. 여기서 다산은 복순이 복점의 자살을 목격한 뒤 그 시댁에 가한 보복을 정당한 복수로 보지 않았으며, 복순의 행동을 용서받을 수 없는 사안으로 여겼다. 복점의 시어머니가 간음이나 도적질 같은 씻을 수 없는 누명을 씌워 며느리가 자살한 것이 아니라면, 의살당할 만큼 중대한 범죄를 저지른 것으로 단정할 수 없다는 이유에서였다.

이처럼 다산의 의살 기준은 정조나 다른 관리들에 비해 매우 엄격했다. 이런 다산의 견해를 따른다면 살인죄를 저지르고도 용서받을 수 있는 가해자는 많지 않았다.

「상형추의」편의 '의로운 기개에 의한 살인의 감경(의기지사義氣之赦)' 항목에 실린 사건 2건이 다산이 제시한 의살 기준에 부합한다고 볼 수 있다. 그중 하나는 형제간 우애를 저버리고 동생을 도둑으로 몰아 때리던 형을 꾸짖다 죽게 만든 전라도 장흥현의 신여척 사건이고, 다른 하나는 여자아이를 강간하려던 자를 칼로 찔러 죽인 황해도 곡산의 김세휘金世輝 사건이다. 다산은 이들 신여척, 김세휘 두 사람이야말로 『주례』의 '살인을 하고도 의로운 자'에 해당한다고 논평했다. 즉, 다산에게는 사람이라면 마땅히 견지해야 할 인륜 도덕을 지키기 위해, 혹은 극악한 범죄자를 단죄하기 위해 자연스럽게 촉발된 분노가

의살 여부를 가리는 중요한 기준이었던 셈이다.

무모한 자살에
대한 우려

이상에서 보듯, 인명 사건에 대한 다산의 견해를 관통하는 핵심 단어는 '의義'라고 할 수 있다. 다산은 사건 가해자의 행동이 의로운 분노에서 비롯된 것인지, 아닌지는 반드시 규명해야 할 사안이라고 봤다. 다산이 이렇듯 의살 기준을 명확히 하려한 이유는 무분별한 분노 표출로 폭력이 난무하고, 용서할 수 없는 살인 행위를 의로운 복수로 간주하는 잘못된 판결에 경종을 울리기 위함이었다. 그런데 다산은 비단 살인뿐 아니라 스스로 목숨을 끊는 자살 사건에서도 의로운 죽음인지 여부를 가리는 것이 매우 중요하다고 인식했다. 여기에는 일시적 분노나 모욕감 탓에 무모하게 자살을 선택하는 세태에 대한 깊은 우려가 깔려 있다.

1778년(정조 2) 황해도 재령에서 일가족이 자살한 안타까운 사건이 발생했다. 이 사건은 자기 집 볏단을 잃어버린 이경휘李景輝가 오촌 조카 최崔 조이를 도둑으로 지목하면서 시작되었다. 이경휘가 조카를 관아에 좀도둑으로 신고해 체포하려 했고, 오명을 뒤집어쓴 상황을 견디지 못한 최 조이가 결국 어린 자녀와 조카 등을 데리고 물에 몸을 던져 무려 일곱 명이 생을 마감했다. 해당 옥안을 검토한 정조는 이경휘가 비록 손수 칼을 들어 죽인 것은 아니지만, 도둑 누명을 씌우고 협박해 친척 일곱 명을 자살하게 만든 행위는 살인이나 마찬가지라고 질타했다.

반면 다산은 최 조이의 경솔한 자살을 강력하게 비난했다. 첫째, 이경휘의 행동은 비록 잘못되었지만 최 조이의 일가족을 협박해 죽인 사람으로 간주하기에는 지나치다는 의견이었다. 둘째, 자신의 처지를 비관한 최 조이가 극단적 행동을 한 것은 죽어야 할 사안이 아님에도 잘못된 선택을 한 경우이며, 더구나 자식과 조카들까지 함께 죽게 한 것은 살인이나 다름없다고 주장했다. 시골에서 이웃을 도둑으로 모는 사소한 다툼은 늘 일어나는데, 그것 때문에 모두 자살한다면 살아남을 사람이 없으리라는 지적이었다.

다산은 귀중한 목숨을 함부로 버리는 무모한 자살이 적지 않게 발생하는 세태를 안타까워하면서도, 자살에 이르도록 동기를 제공한 사람에게 죄의 경중을 따지지도 않고 무조건 엄한 처벌을 내리는 것은 제대로 된 형정이 아니라고 강조했다. 더 나아가 다산은 충忠, 효孝, 열烈이라는 미명 아래 행해지는 의롭지 못한 자살 또한 강한 어조로 비판했다. 이에 대해서는 그의 글 「열부론烈婦論」에 잘 나와 있다.

「열부론」에서 다산은 단지 부모, 임금, 남편을 위해 자살했다는 이유로 모두 효자, 충신, 열녀라 부를 수는 없다고 주장했다. 예컨대 아버지가 병들어 죽자 뒤따라 자살한 아들, 임금이 훙서하자 뒤따라 죽은 신하, 남편이 죽자 뒤따라 죽은 아내가 모두 효자, 충신, 열녀는 아니라는 것이었다. 세상에서 제일 흉한 일이 스스로 목숨을 끊는 것이며, 이는 의義에 합당한 죽음이 아니라는 이유에서였다.

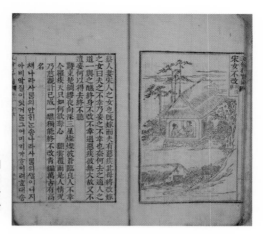

『오륜행실도』에 실린 「열녀도」의 하나로, 「열녀도」는 중국과 우리나라 역대 열녀 35인의 행적을 소개하고 있다. 국립민속박물관 소장.

　그렇다면 다산 입장에서 의로운 자살은 어떤 것일까? 그는 아버지가 불행하게도 호랑이나 도적에게 핍박당해 죽을 때 아들이 아버지를 호위하다 따라 죽었다면 효자로 볼 수 있다고 했다. 또한 임금이 역신逆臣에게 시해될 적에 임금을 호위하다 따라 죽거나, 적에게 잡혀 오랑캐의 조정에 끌려가 강제로 굴복시키려 해도 굴복하지 않다 끝내 자살한 신하라면 충신이라 부를 수 있다고 했다.

　열녀에 대한 인식도 마찬가지였다. 다산은 남편이 죽자 아내가 뒤따라 목숨을 버리는 행위는 결코 의에 합당한 죽음이 아닌데도 이들을 '열부烈婦'로 칭하면서 고을에 정표旌表하고, 호역戶役을 면제해주며, 자손의 요역徭役까지 감면해주는 경우도 있다고 개탄했다. 이어서 그는 열녀라 부를 수 있는, 의에 합당한 아내의 자살 유형으로 첫째, 남편이 맹수나 도적에게 핍박당해 죽을 때 아내가 호위하다 따라서 죽은 경우, 둘째, 자신이 도적이나 치한에게 붙잡혀 욕보일 처지에 몰렸을 때 이에 굴하지 않다 자살한 경우, 셋째, 일찍 과부가 되었으나 부모나 형제들이 자신의 뜻을 꺾고 남에게 재가시키려 할 때 이에 항거하다 역부족이라고 판단해 죽음으로 맞선 경우, 넷째, 남편에게 원통한 일이 생겨 아내가 남편을 위해 울부짖으며 진상을 밝히려다 뜻대로 되지 않자 함께 형벌로 죽은 경우 등 네 가지를 열거했다. 의로운 죽음과 무모한 자살을 분명히 구분해야 한다는 주장은 정당한 복수, 의로운 살인의 범위를 엄격히 제한할 필요가 있다는 그의 견해에 맞닿아 있다. 이는 동시에 백성에게 생명의 소중함을 각성케 하는 과정이기도 했다.

정조의 판결에 대한
완곡한 비판

정약용이 본
정조와 정조 시대

다산은 22세가 된 1783년 진사시험에 합격해 1799년 형조참의를 끝으로 관직에서 물러날 때까지 국왕 정조와 동시대를 살며 오랜 세월 인연을 유지했다. 정조는 다산의 능력을 알아주는 둘도 없는 든든한 지원군이었고, 다산 또한 측근 관료로서 많은 일을 함께 한 정조의 특급 도우미였다.

정조는 영조의 뒤를 이어 조선왕조의 새로운 부흥을 위한 제반 개혁을 추진했는데, 무너져가던 법질서와 사법 제도 정비 작업도 그 가운데 하나였다. 다산에게 정조는 상고시대의 모범적인 통치를 수행하는 이상적 군주의 이미지를 지닌 존재였고, 기본적으로 국왕 정조와 정조 시대의 법 집행을 긍정적으로 평가했다. 실제로 정조 대에는

贈鋳瓮府伯赴任之行
萬丈霞標鋳瓮城城门高
闢使君程江東不遠成都
近熟路輕車送此行
己未季夏之月

정조가 철옹부사로 임명되어 떠나는 서형수
(1749~1824)에게 내린 시로, 임금과 신하 사
이 정은 물론, 이별의 아쉬움도 담고 있다.
국립중앙박물관 소장

『대전통편』을 비롯한 각종 법전과 법률서적의 보급이 활발했으며, 수
령의 비리와 잘못을 적발하고자 그 어느 때보다 많은 수의 암행어사
를 팔도 구석구석에 파견했다. 특히 다산은 살옥 사건에 대한 정조의
신중한 판결에 적극 공감했는데, 이는 『흠흠신서』에 실린 정조 판부
에 관한 다산의 여러 논평 글에서 확인할 수 있다.

1776년 경기도 장단현에서 서로 다투다 두 사람이 합세해 최원세
崔元世란 인물을 구타살해한 사건이 발생했다. 이때 강제로 피해자의

목을 맨 고지방高之方과 피해자를 걷어찬 용손龍孫 가운데 누구를 주범으로 하고, 누구를 종범으로 할 것인지가 논란이 되었는데, 정조는 여러 의심스러운 단서를 종합적으로 참작해 두 명 모두 사형만은 면해주었다.

이와 같은 정조의 판결에 다산은 살리기를 좋아하는 성왕聖王의 훌륭한 판결이라고 치켜세우면서 정조가 주범, 종범을 구분하기 애매한 의옥疑獄(의심스러운 점이 많아 실상을 가리기 어려운 옥사)을 만날 때 항상 다음과 같이 처리했다고 술회했다. 첫째, 범행이 가벼운 자의 정상을 먼저 참작해 형률에 적힌 규정보다 가볍게 처벌하고 둘째, 시간이 어느 정도 흐른 뒤에는 범행이 무거운 자의 행위에서 죄가 가벼워질 만한 단서를 찾아내 결국 주범과 종범 모두 살리는 쪽으로 처리했다는 것이다. 다산은 이와 같은 정조의 판결을 '호생지덕好生之德'과 '죄의유경罪疑惟輕' 원칙에 부합하는 적절한 결정이라고 봤다. '호생지덕'은 가능하면 죄수를 살리기 좋아하는 덕성이라는 뜻이고, '죄의유경'은 죄가 의심스러우면 가볍게 처벌한다는 의미로 모두 『서경』에 나오는 옥사 처리의 중요한 지침이다.

정조는 주범과 종범의 구분이 애매한 사건이나 미제사건뿐 아니라, 여타 많은 살옥에서도 형벌을 너그럽게 하는 관형寬刑으로 일관했다. 정조의 중죄수 심리와 재판 기록을 모아놓은 『심리록』을 보면 이와 같은 정조 판결의 특징이 극명하게 드러난다. 정조가 재위 기간에 처리한 1,112건의 사형죄수에 대한 최종 형량을 살펴보면 사형은 36건에 불과하고, 대부분 유배형으로 감형되거나 석방조치되었다. 사형에 해당하는 중죄수의 3.2퍼센트 정도만 형률에 규정된 본래의 형벌을 받고, 많은 죄수가 국왕의 은전恩典(나라에서 은혜를 베풀어 내리는 혜택)으로 목숨을 부지할 수 있었던 것이다.

그렇다면 다산은 이와 같은 정조의 법 적용에 전적으로 공감했을까? 앞에서 언급한 것처럼 다산은 정조의 신중한 옥사 처리에는 기본적으로 동의했다. 하지만 정조의 지나친 온정주의적 법 적용과 자의적인 은전 남용에 대해서는 때로는 완곡하게, 때로는 정면으로 비판했다. 다산 입장에서는 어느 한쪽으로도 치우치지 않는 엄격하고 공정한 법 집행이 옥사 처리의 핵심 원칙이었기 때문이다.

신중하고 공평한 법 집행의 필요성

다산은 죄를 지은 만큼 정당하게 벌을 받게 하는 것이 정의를 실현하는 길임을 강조했다. 이와 관련해 『목민심서』에서 "법으로 용서할 수 없는 경우는 의義로 처벌해야 할 것이다. 악을 보고도 미워할 줄 모르는 것은 이 또한 부인婦人의 인仁이다"라며, 악을 제대로 다스리지 않고 용서하는 것은 편협한 아녀자의 마음에 불과하므로 법관이 행해야 할 참된 정치가 아니라고 지적했다. 하지만 현실은 이른바 '아녀자의 인'을 최고 가치로 여겨 죄수에 대한 관용과 은전이 지나치게 넘쳐나고 있었다. 이에 다산은 죄수에게 관용을 베푸는 것만을 음덕陰德이라 생각해 제대로 처벌하지 않는 관리들을 강하게 비판하면서, 죄지은 자가 정당하게 죗값을 받는 것 또한 죽은 사람을 위한 음덕임을 알아야 한다고 꼬집었다.

그런데 법 집행의 지나친 관형주의寬刑主義는 비단 다산이 살던 시대만의 문제는 아니었다. 남송대 주자朱子도 이에 대한 강한 비판의 글을 남겼는데, 『흠흠신서』에 실린 다음 인용문이 그중 하나다.

지금의 법관은 흠휼해야 한다는 말에 홀려 사람의 죄는 너그럽게 용서되어야 한다고만 생각하면서 법을 운용한다. 그래서 죄가 사형에 해당하는 자에게 석방할 길이 없지 아니하다고 해 임금에게 올리고 재결裁決을 기다린다. 그러면 대개 형벌의 등급을 낮춰 참형斬刑에 처할 자를 유배시키고, 유배할 자를 도형徒刑에 처하며, 도형에 처할 자에게는 장형杖刑을 내린다. 이는 곧 법조문을 농락하고 법을 업신여기면서 뇌물을 받는 것일 뿐, 무슨 흠휼의 뜻이 있겠는가?

• 『흠흠신서』「경사요의」편 '생호흠휼지의眚怙欽恤之義'.

주자 또한 송나라 관리들이 옥사를 판단할 때 흠휼해야 한다는 당위론에 사로잡혀 너그럽게 처벌하는 것만을 능사로 여기고 정당한 형벌을 내리지 않는 현실을 강도 높게 비판했다. 다산은 주자의 이 말을 인용함으로써 지나친 관형, 과도한 사면이 비단 남송대만의 문제가 아닌 조선의 현실이기도 하다는 사실을 상기시키고 있다.

다산은 특히 도뢰, 즉 무고 사건에 대한 법 집행이 엄하게 이루어지지 않고 있다고 진단했다. 그는 『목민심서』에서 죄 없는 사람을 사

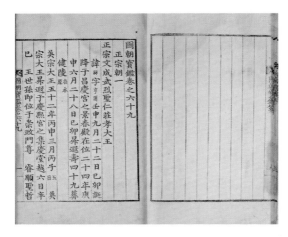

『국조보감』의 정조 대 기사로, 정조의 치적과 모범이 될 만한 사실을 연도순으로 수록했다. 국립중앙박물관 소장.

형 죄목으로 무고한 자는 반좌율反坐律에 의거해 응당 사형에 처해야 하지만, 수령들이 무고한 자를 으레 형장만 쳐 석방시키고 있다고 비판했다. 상부에 보고해 반드시 죄를 물어야 할 무고 사건이 매우 소홀히 처리되고 있으며, 이는 악을 미워하는 수령들의 마음이 절실하지 않기 때문이라는 것이다. 법을 집행하는 수령의 이런 온정주의적 태도는 결국 국왕의 사면 빈발, 과도한 은전으로 이어지는 경우가 많았다.

「경사요의」편 '처복부구妻復夫仇' 항목에는 숙종 대 한 아내가 남편의 복수를 한 사건이 실려 있다. 『국조보감』에 나오는 이 사건은 1687년(숙종 13) 경상도 사노비 춘옥春玉이 남편이 총에 맞아 죽자 총을 쏜 자를 복수살해한 경우다. 이 사건이 조정에 알려지자 여러 대신은 아들이 아버지를 위하거나 아내가 남편을 위하는 복수는 그 의리가 동일하다고 주장하면서 남편의 복수를 통해 의열義烈을 드높인 춘옥의 행동은 풍속에 경종이 될 만하다며 치켜세웠다. 마침내 숙종은 춘옥을 석방하고 정려旌閭(동네에 정문旌門을 세워 충신, 효자, 열녀 등을 표창하던 일)를 명했다.

하지만 정당한 복수를 제한적으로 인정해야 한다는 복수관을 지녔던 다산은 생각이 전혀 달랐다. 춘옥의 남편이 상대방 과실로 총에 맞았다면 남편에게 총을 쏜 자는 죽을죄를 지은 것이 아니므로 춘옥의 행동이 정당한 복수가 될 수 없다는 의견이었다. 사건 말미에 적은 논평에서 다산은 첫째, 죽여서는 안 될 자를 죽인 자는 사형을 면할 수 없으므로 춘옥의 살인을 복수로 논해서는 안 된다는 점, 둘째, 숙종의 춘옥에 대한 사면 조치는 국왕의 특별한 은혜에서 나온 것이므로 법을 집행하는 일반 관리는 이렇게 해서는 곤란하다는 점을 지적했다. 요컨대, 사면이 국왕의 권한이긴 하지만 죄를 지은 자가 합당한 벌을 받는 것이 진정한 정의라고 주장함으로써 다산은 숙종의 판결을 완곡하게 비판하고 있다.

다산의 글에는 "옥獄은 천하의 저울"이라는 표현도 보인다. 털끝만큼이라도 어긋남이 있으면 형평을 잃는 저울처럼 옥사도 신중하고 공평하게 처리해야 한다는 의미다. 즉, 형벌 남용과 마찬가지로 형벌을 제대로 부과하지 않는 일 또한 공정한 법 집행이라고 할 수 없다는 것이다. 다산의 이러한 의견은 『흠흠신서』에서 줄곧 견지되는데, 정조의 일부 판결에 대해 다산이 어떤 비판을 가했는지 살펴보기로 하자.

공명정대를 위한
문제 제기

정조에 대한 깊은 신뢰를 바탕으로 다산은 『흠흠신서』 여기저기에서 국왕 정조를 중국 상고의 이상적인 성왕聖王에 비유했고, 정조의 신중한 옥사 판결을 높게 평가했다. 하지만 일부 사건 처리에서는 정조의 판결에 완곡하게 의문을 표시하거나 반대 입장을 분명히 하기도 했다. 정조의 판결이나 조치에 대한 다산의 비판과 반박 논리, 근거 등을 통해 우리는 다산이 가진 형법사상의 특징과 그가 추구한 이상적인 형정 운영의 모습을 상세히 그려볼 수 있다.

먼저 비부婢夫(비婢의 남편) 살인 사건에 대한 정조의 수교를 비판하는 내용부터 살펴보자. 다산은 「경사요의」편 3권의 '사살비부私殺婢夫' 항목에 1405년(태종 5) 종친 이백온李伯溫이 집안 여종의 남편, 즉 비부를 죽인 사건을 실었다. 원윤元尹에 봉해진 이백온은 아버지가 태조의 이복형인 이원계李元桂인지라 태종은 그를 처벌하지 않고 용서하려 했다. 하지만 대사헌 이래李來가 법대로 처리해 원혼을 달래야 한다고 거듭 요청했고, 결국 이백온은 매를 맞은 뒤 함경도 함주군으로 유배되었다. 다산은 이 사례를 소개하며 왕족인 종친을 법에 비추어 처벌할 것을 요청한 사헌부의 간쟁을 칭송하면서 조선 초기 법 집행이 엄격했음을 거론했다. 그러면서 1793년(정조 17) 정조가 내린 비부 관련 수교의 문제점을 지적했다.

정조가 1793년에 내린 수교는 한 비부가 아내의 주인, 즉 처상전

妻上典에게 욕설을 퍼부으며 악행을 저지르다 처상전으로부터 죽임을 당한 사건이 발생하자 향후 유사 사례가 생길 경우 처리 지침으로 삼고자 만든 법규였다. 정조가 내린 수교의 골자는 첫째, 처상전에게 욕설을 퍼붓는 등 도리를 지키지 않는 비부의 죄를 다스리다 비부가 우연히 죽은 경우 가해자 처상전을 처벌하지 말 것, 둘째, 비부의 잘못이 크지 않은데도 처상전이 그를 죽게 한 경우 국왕에게 보고해 유죄여부를 결정할 것 등 두 가지였다. 다산은 정조의 이와 같은 조치 이후 비부를 죽인 처상전이 사형된 사례가 거의 없음을 거론하면서 정조의 지시가 공평무사한 법 집행, 예외 없는 처벌과는 거리가 있다며 아쉬움을 드러냈다. 즉, 죽을죄를 범하지도 않은 사람을 일시적 분노로 죽인 가해자는 사형에 처하는 것이 당연한데, 정조의 1793년 수교는 그 원칙에서 벗어나 있다는 비판이었다.

다산은 법에서 정한 권한을 넘어서는 행동을 한 사람에게는 신분, 지위와 상관없이 지은 죄에 합당한 형벌을 공평하게 부과해야 한다고 생각했다. 그는 정조가 옥사 판결 때 사면 조치를 남발하는 것과 관련해서도 조심스럽게 문제 제기를 했다. 그의 관점에서 보면 죄수에 대한 과도한 관용은 피해자의 억울함이 풀리지 않는다는 점에서 결코 공정한 형 집행이라고 할 수 없었기 때문이다. 한 예로 1788년(정조 12) 강원도 고성에서 시장 거간꾼 사이에 구타살해 사건이 발생했다. 천봉기千奉己란 자가 평소 친하게 지내던 조중달趙中達과 술을 마시다 그를 폭행해 여드레 만에 죽게 한 이 사건에서 정조는 천봉기가 술에 취해 범행을 저지른 점을 감안해 형장만 쳐서 석방시켰다. 정조의 최종 판부를 보면 가해자와 피해자가 평소 돈독한 관계로 서로 원한이 없어 해칠 마음이 없었다는 점, 폭행 행위는 사람이 저질렀다기보다 술이 그런 것이라는 점 등을 참작했다고 나온다.

정조가 술에 취해 범행을 저지른 죄수를 사면한 또 하나의 사례로 평안도 평양에서 강귀동姜貴同이 낫으로 이기동李己同을 살해한 사건을 들 수 있다. 이처럼 정조는 기본적으로 술에 취해 벌인 범행은 고의성이 있는 범죄와 다르므로 형을 감면해줄 수 있다고 봤다. 지금 시대에도 술을 마시고 범행을 저지른 형사 사건의 경우 판결을 내릴 때 음주 상태를 어느 정도 참작할 것인지가 늘 쟁점이 되고 있다.

반면 다산은 술주정으로 발생한 재앙은 용서할 수 없다는 강경한 입장이었다. 『주례』는 형벌을 사면할 수 있는 세 가지 유형의 대상자 중 하나로 준우蠢愚, 즉 정신이상자나 정신지체자를 들었다. 다산은 술에 취해 이성을 상실한 자는 준우와 비슷한 상태지만 분명히 구분해야 한다고 지적했다. 준우는 하늘이 만든 재앙인 반면, 술주정은 스스로 지은 재앙이므로 고의적인 범행과 다를 바 없다는 것이었다. 그는 또한 술에 취해 벌인 범행을 제대로 처벌해야 백성이 향후 서로 경계할 수 있다고도 밝힘으로써 정조의 사면 조치를 비판하고, 정당한 형벌 부과를 주문했다. 음주 관련 사건과 관련해 국왕 정조가 임시변통의 특별사면 조치를 내릴 수는 있지만, 항구적으로 형을 감면해서는 곤란하다는 점을 분명히 한 것이다. 이처럼 다산은 정조의 판결을 무조건적으로 칭송하는 대신 필요에 따라 자신의 비판을 드러내기도 했다.

'예'와 '법'의
조화를 꿈꾸며

『흠흠신서』를 보면 정조의 판결에 완곡하게 의문을 제기하는 내용이 여러 군데에서 확인된다. 다른 유학자들과 마찬가지로 다산 역시 옥사에서 흠휼을 실천하는 것이 법관의 기본자세라고 인식했지만, 국왕의 지나친 관용과 과도한 사면 조치는 옥사를 신중하게 처리하는 올바른 태도와 구별되어야 한다는 견해를 갖고 있었다. 정조의 판결에 대한 우려도 바로 이 지점에 집중되고 있다. 그리고 설령 국왕의 권한으로 특별사면이 이루어진다 해도 이는 예외적 조치인 만큼 법관들이 항구적으로 따라야 할 전범典範으로 삼아서는 곤란하다고 강조했다.

다산 입장에서 진정한 정의 실현은 모든 사람에게 공평하게 법을 적용해 한 사람이라도 억울하고 부당한 형벌을 받는 일이 없고, 반대로 합당한 형벌을 요행히 모면하는 일도 없도록 하는 것이었다. 그렇다면 정조의 관형주의적 판결 경향에 일관되게 비판적 자세를 견지한 다산을 가리켜 형벌을 무겁게 해 범죄자를 엄히 단죄하려는 엄형嚴刑주의자라고 할 수 있을까? 법조문을 있는 그대로 적용해 범죄자는 지은 죄에 합당한 벌을 받아야 한다고 강조했다는 이유로 다산이 엄형을 능사로 여겼다고 판단해서는 곤란하다. 엄형, 혹형酷刑을 강조했다기보다 정확한 법 집행과 공정한 처벌을 중시했다는 점에서 오히려 그를 법치法治를 중시한 원칙주의자로 보는 편이 타당하다.

잘 알려진 바처럼 유학에서는 통치수단으로 예禮를 중시하고 형법

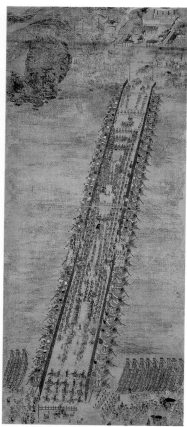

「화성능행도병(華城陵行圖屛)」은 1795년 정조가 어머니 혜경궁 홍 씨의 회갑을 맞아 아버지 사도세자의 묘소인 현륭원을 참배하는 과정과 돌아오는 모습을 그린 8폭의 그림이다. 왼쪽은 묘소 방문 후 돌아오는 모습이고, 오른쪽은 배다리로 한강을 건너는 모습이다. 국립중앙박물관 소장.

을 보조적 수단으로 인식하는 것이 일반적이었다. 물론 기본적으로 다산의 생각도 이와 다르지 않았다. '예주법종禮主法從', 즉 예가 중심이고 법은 보조라는 인식은 유학자 모두가 공감하는 원칙이었지만 시

다산은 다산초당에서 1808년부터 1818년 해배될 때까지 기거했다. 원래 작은 초가집이었으나 1950년대 복원하는 과정에서 기와집으로 지어졌다.

대에 따라 그 실천 방법에는 차이가 있었다. 다산은 중국 하·은·주 삼대三代의 이상적인 통치가 실현되던 예치禮治 시대를 다시 재현할 수 없는 어지러운 현실에서 법과 형벌은 통치의 필수적 구성 요소라고 봤다.

이와 관련해 다산이 학식과 덕행 면에서 남에게 모범이 될 만한 인물로 삼은 이익은 저작 『성호사설』에서 형벌은 다스림을 보조하는 기구로 예교禮教에 앞설 수 없다면서도, 형법이 밝지 못하면 예교 또한 시행될 수 없을뿐더러 인심人心, 인정人政 효과도 기대하기 어렵다고 강조했다. 이익은 또 형정刑政은 어지러운 것을 다스리는 약과 침이며 덕교德教는 화평을 이루는 쌀밥과 고기반찬이라고 비유하면서, 덕교로 포악한 자를 제거하려는 것은 고기반찬으로 질병을 다스리려는 것처럼 부적절하다고 강조했다. 즉, 통치에서 덕교와 형정이 서로 안팎을 이루며 때에 맞게 적절히 사용되어야 한다는 것이었다.

남인계 실학풍을 이어받은 다산의 현실 인식 또한 이익과 별반 다르지 않았다. 다산은 풍속이 쇠퇴한 상황에서 교화와 덕치의 훈계만 믿고 잘 다스려지기를 기대하는 것은 결코 지혜로운 태도가 아니므로, 법제를 정비하고 형정에 입각해 통치의 효율성을 극대화할 필요가 있다고 봤다. 법치가 통치의 중요한 덕목이 된 이상 왕정에서 법 집행은 저울처럼 한 치도 어긋남 없이 더욱 엄중하고 엄격해야 한다는 것이 다산의 생각이었다.

『흠흠신서』에서 다산이 정조의 전반적인 옥사 처리를 높게 평가하면서도 범죄자에 대한 지나친 관용과 사면 조치에 비판의 목소리를 내며 경계한 것은 바로 이런 이유에서였다. 정조의 너그러운 판결이 자칫 형률에 정해놓은 원칙을 무너뜨려 조선왕조가 추구해야 할 법치 질서까지 훼손하는 일이 생겨서는 안 되었기 때문이다.

本荷全圖

使令房
後門

塘

제5부

정약용이 남긴
유산

房兒

門挟門 三門

牌頭房 大門

書吏長房

고통과 창작이
공존한 유배 생활

이곳저곳 옮겨
다니는 부평초 신세

　　　　　　　　　　　다산이 정조 승하 이후 천주교도로
몰려 유배 생활을 해야 했던 기간은 무려 18년이었다. 나이 40세에
시작된 예기치 못한 타향살이는 환갑을 바라보는 57세까지 이어졌다.
40~50대를 고향을 떠나 타지에서 살아야 했던 유배의 고통은 이루
헤아릴 수 없을 만큼 막심했다. 하지만 유배지에서 다산은 좌절을 극
복하고 거질巨帙의 살인 사건 판례연구서인 『흠흠신서』를 비롯해 방
대한 양의 전무후무한 저술들을 완성했다. 사실 보통 사람이라면 단
시간에 베껴 쓰기도 쉽지 않은 500여 권에 달하는 다산의 저작은 상
당수 척박한 유배지에서 집필 활동이 이루어졌다.

　맨 처음 경상도 장기현에 유배된 다산은 이후 전라도 강진현으로

배소配所가 바뀐 후 유배 기간 대부분을 강진에서 보냈다. 그런데 오랫동안 머문 강진에서도 네 번이나 거처를 옮겼다는 사실은 부평초나 다를 바 없는 처량한 유배인으로서 다산의 모습을 짐작게 한다. 여기서는 그의 유배지에서 행적을 추적함으로써 뛰어난 법률사상가이기 이전에 인간 정약용의 본모습을 만나보자.

먼저 그가 유배된 과정을 따라가 보면, 정조가 승하한 이듬해인 1801년(순조 1) 신유박해라 부르는 대대적인 천주교도 박해 사건이 일어났다. 독실한 천주교 신자였던 셋째 형 정약종의 천주교 관련 서적이 발각되면서 다산 집안은 큰 화를 입게 되었다. 정약종은 순교했고, 감옥에서 국문을 당하며 고초를 겪던 다산과 둘째 형 손암 정약전은 가까스로 처형을 면한 뒤 이해 2월 말 기약 없는 유배 길에 올랐다. 현 행정구역상 경상북도 포항시 남구 장기면에 해당하는 경상도 장기현이 다산의 첫 유배지였으며, 정약전은 전라도 신지도로 귀양을 갔다.

장기현에서 다산은 마산리의 늙은 군교軍校 성선봉成善封의 집에 거처를 마련했는데, 성선봉은 다산의 보수주인保授主人인 셈이었다. 보수주인이란 귀양살이하는 유배 죄인에게 거처를 제공하고 감시 책임까지 지던 사람으로, 대개 수령의 지시를 받은 고을 아전이나 군인, 관노가 맡았다. 성선봉이 마련해준 초라한 방에 머물게 된 다산은 순식간에 유배지에서 감시를 받는 군색한 처지가 되었다.

다산의 불행은 여기서 그치지 않았다. 조카사위 황사영의 백서사건이 발생하자 정약전과 함께 다시 한양으로 압송되어 신문을 받았

다산이 처음 전라도 강진현에 유배 와 4년간 머문 사의재다.

다. 이후 배소를 옮기라는 명령에 따라 다산과 정약전은 각각 전라도 강진현과 흑산도로 가게 되었다. 두 형제는 함께 한양에서 유배지로 향했고, 1801년 11월 나주 율정점栗亭店에서 마지막 작별을 고했다. 다산은 이때 형님과의 안타까운 이별 순간을 시詩로 남겼으니 그것이 「율정별栗亭別」('율정의 이별')이다.

강진에 도착한 다산은 한동안 거처 때문에 마음고생을 해야 했고, 가까스로 매반가賣飯家, 즉 주막집에 정착했다. 이와 관련해 다산이 남긴 기록에 따르면 강진 백성들이 유배 온 사람을 마치 큰 해독처럼 생각해 그가 가는 곳마다 문을 부수고 담장을 무너뜨린 뒤 달아났다고 한다. 다행히 강진읍성 동문 밖 주막집 노파가 다산을 불쌍히 여겨 자기 집에서 살게 해주었으니, 바로 훗날 다산이 '사의재四宜齋'라고 이름 붙인 곳이었다.

사의재에 거처를 마련한 다산은 유배인을 업신여기고 꺼려 하는

고성사 보은산방은 2017년 5월 현재 공사 중이다.

고을 분위기 속에서 한동안 창문을 닫아걸고 하루 종일 이야기할 사람도 하나 없이 홀로 외로움과 싸워야 했다. 사의재의 '사의事宜'는 마땅히 해야 할 네 가지 일을 가리키는데 생각은 맑아야 하고(사의담思宜澹), 외모는 엄숙해야 하며(모의장貌宜莊), 말은 적어야 하고(언의인言宜訒), 행동은 무거워야 한다(동의중動宜重)는 것이다. 다산은 척박한 유배지에서 하는 일 없이 늙어갈 것을 염려해 스스로를 채찍질하고자 주막집에 이런 이름을 붙였다.

사의재에서 4년 동안 산 다산은 학승 혜장惠藏(1772~1811)의 주선으로 1805년(순조 5) 겨울 거처를 강진읍내에 있는 보은산의 보은산방寶恩山房, 즉 고성사高聲寺로 옮겼다. 다산과 혜장의 인연은 1805년 4월 만덕사萬德寺(현 백련사)에서 만남으로 시작되었는데, 다산보다 10년 아래인 혜장은 다산을 스승으로 모시고 따랐다. 주막집보다 여러 모로 환경이 좋은 편인 보은산방에서 이듬해인 1806년 가을까지 머

다산초당 현판으로, 추사 김정희의 글에서 집자한 것이다.

문 다산은 이후 제자인 이청李晴(1792~1861)의 집으로 옮겨갔다. 이청은 이학래李鶴來라는 별명이 있었던 듯한데, 다산이 읍내 제자들 가운데 가장 아낀 인물로 유배지에서 다산의 저술 활동을 적극적으로 돕기도 했다. 이렇게 사의재, 보은산방, 이청의 집에 머물던 다산은 47세가 된 1808년(순조 8) 봄 마침내 그 유명한 다산초당茶山草堂으로 거처를 옮기게 된다.

　다산초당은 강진현 남쪽에 있는 만덕산 기슭에 자리한 정자로, 다산의 외가 사람인 처사 윤단尹博의 산정山亭이었다.『사암선생연보』에 따르면 다산은 이곳으로 거처를 옮긴 뒤 대를 쌓고, 못을 파고, 꽃과 나무를 열 지어 심고, 물을 끌어와 폭포를 만들고, 동쪽과 서쪽에 두 암자를 짓고, 서적 1,000여 권을 쌓아놓은 채 글을 지으며 스스로 즐겼다고 한다. 또 석벽石壁에 '정석丁石' 두 글자를 새겼는데, 이 글자는 지금도 전해지고 있다. 다산초당이 위치한 귤동마을은 다산 외가인 해남윤씨의 집성촌이었다. 초당으로 옮긴 후 다산은 많은 책을 비치

백련사는 다산초당에서 멀지 않은 곳에 있다. 다산이 백련사 혜장선사를 만나러 가던 오솔길은 현재 '사색의 길'로 유명하다.

해놓고 제자들을 가르치며 저술 활동에 집중할 만큼 여유로운 생활을 했다. 이와 같은 과정을 거쳐 유배지 강진은 '다산학茶山學'의 산실로 재탄생하게 되었다.

유배지에서 만나 함께한 제자들

유배지에서 풀려나고 4년 뒤인 1822년(순조 22) 환갑을 맞아 지은 「자찬묘지명」에서 밝힌 것처럼, 다산은 오랜 유배 기간을 학문 완성의 기회로 삼아 집필 활동에 매진했다. 그는 특히 유배 초기부터 육경과 사서 등 경학 연구에 집중했는데 한漢, 위魏, 명明, 청淸 등 여러 시대 유학자의 관련 자료를 널리 수집하고 고증해 자신의 학설을 세우고자 노력했다. 강진 유배 초기인 1803년 『단궁잠오檀弓箴誤』를 저술하는 등 예서禮書 연구를 시작했고, 보은산방에 머물 때는 학승인 혜승 등과 함께 『주역』 연구에 몰두하기도 했다. 또 경전 연구와 아울러 당대 사회개혁 방법론의 모색을 위한 경세학 연구도 게을리하지 않았으니, 그의 대표작인 『경세유표』, 『목민심서』, 『흠흠신서』 집필 작업은 1818년 해배되기 전인 유배 말기에 이루어졌다.

다산이 유배지에서 지칠 줄 모르고 집필 활동에 전념했음은 현재 전하는 방대한 저술이 웅변해주지만, 이 모든 저술이 단지 다산 개인만의 노력 결과는 아니었다. 다산 저술에 제자들의 숨은 조력이 있었다는 사실은 정규영이 『사암선생연보』 말미에 다음과 같이 언급한 데서도 알 수 있다.

공이 20년 동안 유폐되어 다산茶山에 있으면서 열심히 연구와 편찬에 전념해 여름 더위에도 멈추지 않았고, 겨울밤에는 닭 우는 소리를 들었다. 그의 제자들 가운데 경서와 사서를 부지런히 살피는 사람이 두어 명이요, 입으로 부르는 것을 받아 적어 붓 달리기를 나는 것같이 하는 사람이 서너 명이요, 항상 번갈아가며 원고를 바꾸어 정서正書하는 사람이 서너 명이요, 책을 장정하는 사람이 서너 명이었다. 무릇 책한 권을 저술할 때는 먼저 지을 책의 자료를 수집해 서로 비교, 참고하고 정리해 정밀하게 따졌다.

이와 같은 정규영의 언급은 다산의 저술 편찬이 제자들과 협업한 결과라는 것을 방증한다. 열 명 넘는 제자가 자료 수집과 정리에서부터 정서淨書, 제책製冊에 이르기까지 역할을 분담해 저술 작업에 참여했던 것이다. 요즘으로 치면 공동연구에 해당한다고 볼 수 있다. 물론 다산이 모든 저술을 이런 방식으로 집필했다고 단정 지을 수는 없다. 하지만 유배지에서 완성한 많은 저술은 다산이 총괄책임자로서 연구의 전체적인 방향 수립 및 대강의 집필을 맡고, 제자들이 공동연구자 혹은 연구보조원으로서 관련 자료 수집, 원고 수정, 편집 등 실무 작업에 참여해 만들어낸 결과물이다.

그렇다면 유배지 강진에서 다산으로부터 학문을 배우고 다산의 집필 활동을 보좌한 제자들은 어떤 인물이었을까. 다산은 강진에 귀양 온 직후 거처인 동문 밖 주막집 뒷방에 '사의재'란 이름을 걸고 글방을 열어 배우러 온 이들을 가르쳤는데, 그가 키운 제자 중에는 양반 자제뿐 아니라 아전과 승려도 있었다. 제자들은 그가 다산초당으로 거처를 옮긴 것을 기준으로 크게 읍내 제자와 다산초당 제자 두 부류로 나눌 수 있다.

먼저 읍내 제자는 대부분 아전 출신으로 손병조孫秉藻, 황상黃裳·황경黃褧 형제, 황지초黃之楚, 이청李睛, 김재정金載靖 등이며 다산은 이들 가운데 황상(1788~1870)과 이청을 가장 아꼈던 것으로 전해진다. 특히 황상은 다산이 1802년 강진에서 얻은 첫 제자이자 훗날 시문에 뛰어난 재주를 발휘한 인물로, 다산이 해배된 후에도 지속적으로 만남을 가졌다. 이때 다산의 두 아들 정학연丁學淵(1783~1859), 정학유丁學

초의선사가 그린 「다산초당도」는 만덕산 중턱에 자리 잡은 두 채의 초당과 연못 등 주변 경관을 묘사하고 있다.

遊(1786~1855)는 물론, 서울에서 활동하던 유명한 학자들과도 활발하게 교류했다. 이청은 읍내 제자 가운데 유일하게 다산이 초당으로 거처를 옮긴 후에도 초당 제자들과 함께 배우며 다산의 저술 활동을 적극적으로 도운 인물이다.

다산초당 제자들은 읍내 제자들과 달리 모두 양반집 자제였으며, 이준경李浚慶의 후손으로 다산의 저술 작업에 깊이 참여한 이강회李綱會를 비롯해 열여덟 명이 있었다. 여기에는 다산초당의 주인 윤단의 손자 여섯 명, 외가 등 다산 집안사람들, 다산의 두 아들 학연과 학유도 포함된다.

읍내 제자, 다산초당 제자들 외에 혜장과 초의草衣(1786~1866) 등

불교 승려, 다산의 사위 윤창모尹昌模도 다산을 사사한 인물로 다산학 단茶山學團의 일원을 이루었다. 이들은 유배지에서 다산의 방대한 저술 작업을 도왔을 뿐 아니라, 훗날 스승의 가르침에 힘입어 다양한 분야에서 성과를 내기도 했다. 다산이 분야를 넘나들며 저술에 집중할 수 있었던 데는 출신 배경이 다양한 이들 제자의 도움이 큰 몫을 했을 것이다.

떨어진 거리만큼
더 큰 마음을 담아 보낸 편지

학자, 사상가로서 수많은 저술을 남긴 다산이지만, 그 또한 가족의 정을 소중히 여기는 한 인간이었다. 박석무 다산연구소 이사장이 번역한 『유배지에서 보낸 편지』에는 다산이 유배지에서 가족에게 보낸 편지들이 실려 있다. 이들 편지를 읽어보면 아내와 아들들을 애틋하게 생각하는 한 집안의 가장이자 아버지의 모습, 그리고 섬에 귀양 간 형님을 크게 걱정하는 동생의 모습을 발견할 수 있다.

다산은 같은 유배인 처지인 둘째 형 정약전을 그리워하는 시와 편지를 많이 썼는데, 육지에 있는 자신과 달리 척박한 섬에서 쓸쓸히 귀양살이하는 형님에 대한 안타까움을 글에 자주 내비쳤다. 정약전은 당초 신지도에서 흑산도로 이배될 때 우이도, 즉 내흑산도에서 잠시 생활했다. 이후 1807년 흑산도 사미촌으로 들어가 복성재復性齋를 지

흑산도 유배문화공원에 있는 정약전 동상.

어 학동 등을 가르치며 『자산어보玆山魚譜』를 비롯한 여러 저술을 남겼고, 1814년 다시 우이도로 돌아왔으나 끝내 해배되지 못한 채 1816년 6월 그곳에서 세상을 떠났다.

다산은 첫 유배지인 경상도 장기현에 도착해 아들 학연, 학유에게 쓴 편지를 통해 혼자 섬에서 귀양살이를 하게 될 형님을 생각하면 가슴이 미어진다고 토로한 바 있다. 그러면서 큰어머니를 어머니처럼 섬기고 사촌동생을 친동생처럼 보살피라고 당부했다. 다산은 평소 형 정약전을 스승이라고 칭할 만큼 존경했는데, 유배지에서 쓴 자신의 저술 초고들을 수시로 흑산도로 보내 형의 의견을 들으며 학문적으로 토론할 정도였다.

다산은 형의 건강을 염려하는 것도 잊지 않았다. 특히 1803년 정약전이 보내온 편지에서 육식을 못 한 지 일 년이 넘어 바짝 야위었다는 사연을 접한 다산이 답장에서 형님에게 개고기를 드시라고 권한 점이 흥미롭다. 다산은 고기를 먹지 않는 것은 생명을 연장하는 방법이 아니라고 호소하며, 섬 안에는 수백 마리의 들개(산견山犬)가 있을 터이니 이것들을 잡아먹어 영양을 보충하라고 권유했다. 구체적으로는 들개를 닷새에 한 마리씩 잡으면 일 년에 52마리의 개고기를 먹을 수 있다고 언급하면서 들개 잡는 법, 박제가의 개고기 요리법까지 함께 편지에 적어 보냈다. 이처럼 둘 사이에 오간 편지에서 형제의 남다른 우애를 엿볼 수 있다.

정약전이 쓴 『자산어보』. 규장각한국학연구원 소장.

두 아들에게 보낸 편지에도 다산의 깊은 가족애가 담겨 있다. 1801년 3월 귀양길에 올라 선산이 자리한 충청도 충주 하담에 도착한 뒤 두 아들에게 보낸 편지에서 "떠나올 때 보니 너의 어머니 얼굴이 몹시 안됐더라. 늘 잊지 말고 음식 대접과 약시중을 잘하라"고 당부하는 등 수시로 아내를 챙겼다. 강진에 내려온 이듬해 막내아들 농장農牂이 사망했는데, 이 소식을 듣고 "간장을 후벼 파는 슬픔"에 젖어 죽은 아이의 곁에 있지 못하는 비통한 심정을 적어 보내기도 했다. 농장은 다산이 집을 떠나올 때 엄마 품에 안겨 한창 재롱을 피우던 막내로, 병을 앓다 겨우 네 살에 요절했다. 편지에서 다산은 "나의 애달픔이 이러할진대 하물며 네 어머니는 품속에서 꺼내어 흙구덩이 속에 집어넣음에랴!"라며, 막내아들의 갑작스러운 죽음을 받아들이기 힘들어할 아내 홍 씨에 대한 걱정도 잊지 않았다. 그러면서 아들과 며느리에게 더욱 정성스러운 마음으로 어머니를 보살피라고 당부했다.

한편 다산이 두 아들에게 쓴 편지에는 아버지로서 자식들을 훈계하는 내용이 많았다. 다산이 강진으로 귀양 온 뒤 큰아들 학연이 1805년 아버지를 뵈러 들르는 등 두 아들이 몇 번 유배지를 방문하긴 했지

사촌서당은 정약전이 흑산도에서 아이들을 가르치던 곳이다.

만, 이들의 성장 과정을 옆에서 지켜보지 못하는 아버지 다산으로서
는 초조한 마음이 들 수밖에 없었다. 다산의 이런 마음이 고스란히 편
지에 담긴 셈이다. 이는 곧 자식의 앞날을 걱정하고 바르게 자라길 바
라는 마음에 때로는 엄히 꾸짖고, 때로는 온화하게 타이르는 여느 아
버지의 모습과 다르지 않았다.

두 아들에게 쓴 편지에서 다산은 자기네는 '폐족廢族', 즉 망한 집안
이라는 표현을 자주 썼다. 폐족이니 학문에 더욱 매진해야 한다는 뜻
에서 "폐족이면서 글도 못하고 예절도 갖추지 못한다면 어찌 되겠느
냐. 보통 사람들보다 백배 열심히 노력해야만 겨우 사람 축에 낄 수
있지 않겠느냐. 내가 비록 귀양살이의 고생이 몹시 크긴 하다만, 너희
가 독서에 정진하고 몸가짐을 올바르게 하고 있다는 소식만 들리면
근심이 없겠다"고 썼다. 형보다 주량이 센 학유에게 보낸 편지에서는

"술맛이란 입술을 적시는 데 있다. 소 물 마시듯 하는 사람은 입술이나 혀는 적시지도 않고 곧장 목구멍에다 탁 털어 넣는데, 그들이 무슨 맛을 알겠느냐"며 술을 경계하는 말을 전하고 술 마시는 법도를 깨우치게 했다. 또 "세상을 살아가는 사람은 한때 재해를 당했다고 청운靑雲의 뜻을 꺾어서는 안 된다. 사나이는 항상 가슴속에 가을 매가 하늘로 치솟아오를 기상을 품고, 천지를 조그마하게 보며, 우주도 가볍게 손으로 요리할 수 있다는 생각을 지녀야 옳다"며 두 아들의 자신감을 북돋우기도 했다.

1808년과 1810년 두 해에 걸쳐 다산은 아들들에게 줄 가계家戒를 작성했는데, 가계란 집안사람들이 지켜야 할 생활지침격의 글을 말한다. 다산이 쓴 가계에는 친구를 사귈 때 가려야 할 일, 벼슬하는 법, 시를 쓰거나 책을 읽는 법, 생계를 꾸리는 법, 친척과 화목하게 지내는 법, 호연지기를 갖도록 조언하는 내용, 아버지의 저술들을 후세에 전하라는 당부 등 두 아들이 지켜야 할 다양한 삶의 준칙과 처세, 생활철학이 담겨 있다. 그중에는 "내가 벼슬하면서 너희에게 물려줄 밭뙈기 정도도 장만하지 못했으니, 너희가 이제 마음에 지녀 잘 살고 가난에서도 벗어날 수 있도록 정신적인 부적 두 글자를 물려주겠다. 너희는 야박하다고 하지 마라. 한 글자는 근勤이고, 또 한 글자는 검儉이다. 이 두 글자는 좋은 밭이나 기름진 땅보다 나으니 일생 동안 써도 닳지 않을 것이다"라며 근검을 생활화할 것을 당부하는 내용도 포함되어 있다. 비록 가족과 떨어져 머나먼 타향에서 귀양살이를 하지만 가족에 대한 다산의 솔직한 감정과 진솔한 사랑을 고스란히 엿볼 수 있는 대목이다.

자식을 향한 지극함이
또 하나의 작품으로

다산은 15세가 된 1776년 자신
보다 한 살 연상인 풍산홍씨豊山洪氏(1761~1838)와 일찍이 혼례를 치
르고 서울 생활을 시작했다. 부인 홍 씨는 무과 출신으로 승지 벼슬까
지 역임한 홍화보洪和輔(1726~1791)의 외동딸이었다. 다산은 부인 홍
씨와 사이에서 6남 3녀를 두었지만 그중 4남 2녀가 어린 나이에 죽고
겨우 2남 1녀만 장성했다. 조선시대 높은 유아사망률의 불행을 다산
가족도 비켜갈 수 없었던 셈이다. 다산이 40세 나이로 유배 생활을
시작한 1801년 장남 학연은 19세, 차남 학유는 16세, 어린 딸은 9세,
막내아들은 3세였으며, 이듬해 막내가 사망해 아들 둘, 딸 하나만 남
게 되었다.

다산의 깊은 가족애는 유배 기간에 가족에게 쓴 편지는 물론, 두
아들에게 준 서첩『하피첩霞帔帖』과 시집간 딸에게 보낸 그림「매조도
梅鳥圖」에서도 확인할 수 있다. 다산이 유배된 지 10년째인 1810년(순
조 10) 부인 홍 씨는 자신을 잊지 말라는 뜻에서 시집올 때 입었던 치
마를 편지와 함께 다산초당으로 보냈다. 붉은빛이 다 바랜 아내의 이
낡은 치마폭을 잘라 첩으로 만든 뒤 두 아들에게 줄 편지 형식의 당
부 글을 적은 것이 바로『하피첩』이다.

다산이 『하피첩』에 쓴 경구로, '경직(敬直)'은 경(敬)으로 마음을 바로잡고, '의방(義方)'은 의(義)로
일을 바르게 한다는 뜻이다. 국립민속박물관 소장.

　'하피'는 빛바랜 노을빛 치마를 말하며, 현재 『하피첩』은 다산이
1810년 7월과 9월 다산초당 동암東菴에서 작성한 세 첩이 전해진다.
이 서첩에는 집안의 화목을 위해 노력해야 한다는 조언, 벼슬이 끊기
더라도 문화적 안목을 유지하기 위해 서울을 떠나지 말라는 훈계, 올
바로 살아가는 데 필요한 처세, 아버지의 글을 열심히 읽고 연구하기
를 바라는 마음 등 두 아들의 미래를 걱정하는 다산의 간절함이 담겨
있다.
　다산의 바람대로 두 아들은 불우한 환경에서도 스스로를 채찍질하
는 것을 게을리하지 않았던 듯하다. 비록 아버지 다산에 필적할 만한

족적을 남기지는 못했지만 큰아들 학연은 시문에 능했다. 또 동생 학유와 동갑으로 당대 최고 학자였던 추사 김정희金正喜(1786~1856)의 벗이 되었고, 늘그막인 1852년(철종 3) 선공감 감역監役 벼슬에 제수되기도 했다. 작은아들 학유 또한 아버지의 실사구시 정신을 이어받아 「농가월령가農家月令歌」를 지은 것으로 유명하다. 「농가월령가」는 농가에서 행해진 행사와 세시풍속은 물론, 당시 농촌 생활상도 엿볼 수 있는 월령체의 장편가사다.

참고로, 다산이 두 아들에게 남긴 『하피첩』은 세상에 공개된 과정이 흥미롭다. 다산 사후 후손가에 가보로 전해지던 『하피첩』은 안타깝게도 6·25전쟁 와중에 분실되고 말았다. 이후 이 서첩은 다산문집에 관련 내용이 있으나 실물은 볼 수 없는 전설의 유물이 되었다. 그러다 경기도 수원에 사는 한 폐지 줍는 할머니의 수레에서 그동안 행방이 묘연하던 『하피첩』이 극적으로 발견되었고, 2006년 KBS 「TV쇼 진품명품」이라는 프로그램을 통해 세상에 처음 모습을 드러냈다. 이후 여러 차례 주인이 바뀌는 우여곡절을 거친 끝에 경매를 거쳐 마침내 2015년 국립민속박물관의 소장 유물이 되었다.

보물 제1683-2호로 지정된 『하피첩』은 경매 당시 무려 7억 5,000만 원이라는 거액에 낙찰, 박물관에 귀속되었다. 부인 홍 씨의 치마폭에 다산이 글을 남겼다는 점에서 어찌 보면 부부의 합작품인 『하피첩』은 높은 감정가를 떠나 다산 부부의 자식에 대한 은택과 사랑을 보여주는 귀중한 유물이라고 할 수 있다.

부인 홍 씨가 보내준 치마폭을 활용한 다산의 작품으로는 『하피첩』

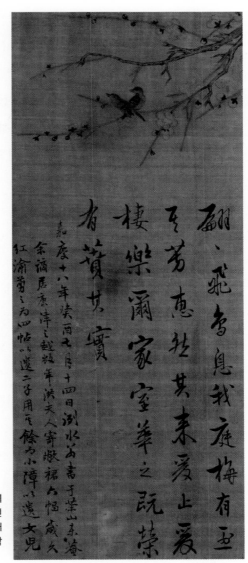

翩翩飛鳥 息我庭梅 有烈其芳 惠然其來 爰止爰棲 樂爾家室 華之旣榮 有蕡其實

嘉慶十八年癸酉七月十四日洌水翁書于茶山東菴

余謫居康津之越數年洪夫人寄敝裙六幅歲久紅渝剪之為四帖以遺二子用其餘為小障以遺女兒

「매조도」는 다산이 시집간 딸에게 주려고 부인의 치마를 잘라 그린 그림으로, 매화나무 가지 위에 새 한 쌍이 앉아 있다. 고려대학교박물관 소장.

외에도 현재 고려대학교박물관에 소장된 「매조도」가 있다. 「매조도」는 1813년 다산이 딸의 행복을 기원하는 마음으로 매화나무에 새 두 마리가 앉아 있는 모습을 그린 뒤 시詩를 덧붙여 만든 족자로, 그 한 해 전 시집간 딸에게 준 것이다. 사위는 다산의 유배 생활에 도움을 준 윤광택尹光宅의 손자 윤창모尹昌模(1795~1856)로, 강진에서 다산의 친구가 된 윤서유尹書有의 맏아들이기도 했다. 「매조도」를 보면 여느 아버지처럼 딸을 사랑하는 다산의 지극한 마음은 물론, 시·서·화에 두루 능했던 다산의 진면목도 알 수 있다.

한편 다산이 그린 또 하나의 「매조도」 한 폭이 2009년에 공개되었다. 이 「매조도」는 새가 한 마리만 그려져 있으며, 만들어진 시점도 앞의 것보다 한 달여 뒤였다. 이 「매조도」와 관련해 최근 정민 한양대학교 교수는 다산이 갓 태어난 소실의 딸 홍임弘任을 위해 그린 것이라는 연구 결과를 발표했다. 다산초당 시절 다산이 들인 소실과 딸 홍임에 대한 사연은 1999년 세상에 처음 공개된 작자 미상의 「남당사南塘詞」 16수에 기록되어 있으나, 아쉽게도 지금은 더 자세한 내용을 알 수 없다. 앞으로 관련 기록을 새로 발굴함으로써 유배지에서 다산의 생활상을 좀 더 풍부하게 재구성할 날이 올 것으로 기대해본다. 물론 그의 새로운 행적이 드러난다 해도 불모지나 다름없던 유배지를 전무후무한 저술 공간으로 바꾼 불굴의 의지, 자식과 아내를 향한 따뜻한 마음은 결코 달라지지 않을 것이 확실하다.

『목민심서』와 『흠흠신서』가
남긴 영향

해배 후에도
계속된 집필 작업

다산은 1818년(순조 18) 그토록 기다
리던 해배 명령을 받아 그해 9월 마침내 고향인 마재 마을의 여유당
으로 돌아왔다. 40세 때 시작한 기나긴 유배 생활에 마침표를 찍는
순간이었다. 해배 후 다산은 유배지에서 끝마치지 못한 저술의 마무
리 작업에 전념하면서 자신의 일생을 정리하는 일도 동시에 진행했
다. 또한 당색을 초월해 신작申綽, 김매순金邁淳, 홍석주洪奭周, 김정희金
正喜 등과 교유하거나 서신을 교환하며 학문적 토론을 벌이기도 했다.
그러다 결혼 60주년이 되는 해인 1836년(헌종 2) 2월 22일 향년 75세
를 일기로 세상을 떠났다.

집에 돌아온 이후 다산은 죽은 사람의 일대기를 기록한 '묘지명墓

誌銘'을 많이 지었다. 형제 가운데 가장 가까웠던 둘째 형 정약전을 기리는 「선중씨묘지명先仲氏墓誌銘」(1822)을 비롯해 집안 어른과 자손들의 묘지명, 그리고 권철신權哲身, 이가환李家煥, 이기양李基讓 등 신유박해 때 죽거나 피해를 입은 선배와 동료들의 묘지명이 전해지고 있다.

특히 환갑을 맞은 해인 1822년(순조 22) 자신의 일대기를 기록한 「자찬묘지명自撰墓誌銘」이 주목된다. 「자찬묘지명」은 광중본壙中本과 집중본集中本 두 종류가 있는데, 묘 안에 넣는 글로 내용을 짧게 요약한 광중본에 비해 집중본에는 매우 상세하게 자신의 행적과 저술을 적어놓았다. 요컨대 다산은 자신의 일생을 직접 정리함으로써 천주교 신자라는 해묵은 오해를 불식하고 삶의 발자취가 가감 없이 후세에 전해지기를 바랐던 것으로 보인다.

고향에 돌아온 다산은 무엇보다 유배지에서 작업하던 저술을 마무리하는 일에 열중했다. 다산은 집중본 「자찬묘지명」 말미에 "나의 저술이 지닌 가치를 알아주는 사람이 적다면 모두 불에 태워버려도 상관없다"고 적었다. 하지만 이것이 다산의 진심은 아니었을 테다. 그가 유배지에서 두 아들에게 보낸 편지를 보면 "나 죽은 후에 아무리 청결한 희생犧牲과 풍성한 음식으로 제사를 지내준다 해도, 내가 흠향하고 기뻐하기는 내 책 한 편을 읽어주고 내 책 한 부분이라도 베껴두는 일보다 못할 것이다. 그러니 너희는 이 점을 꼭 새겨두기 바란다"거나 "만약 내 글을 알아주는 사람이 있어 그가 연장자거든 너희는 아버지로 모시고, 그가 또래거든 너희는 의형제를 맺어도 좋다"고 하는 등 자신의 저술을 아들들이 후세에 잘 전달해주기를 당부하는 내

초의선사가 그린 것으로 전해지는 다산의 초상. 한국천주교순교자박물관 소장.

용이 있다. 다산은 심혈을 기울여 작업한 자신의 저술들이 후세에 전해지기를 간절히 원했던 것이다.

당시 다산의 저술 작업에는 지방행정 개혁가와 법률사상가로서 면모가 돋보이는 『목민심서』, 『흠흠신서』의 마무리도 포함되어 있었다. 다산은 1817년 『경세유표』 초고본인 『방례초본邦禮草本』을 쓰고 1818년에는 『목민심서』 48권, 해배 이듬해인 1819년에는 『흠흠신서』 30권의 초고를 완성하는 등 대표작 세 편을 모두 해배 전후에 작업했다. 고향에 돌아와서도 수정 보완 및 서문 집필을 계속해 『목민심서』는 1821년, 『흠흠신서』는 1822년에야 마무리되었다.

참고로, 『목민심서』, 『흠흠신서』 초고본과 완성본의 내용상 차이, 수정 또는 추가 부분 등은 현존하는 이본異本들의 좀 더 정밀한 대조 및 분석 작업을 통해 밝힐 필요가 있다. 지금까지 연구에 따르면 『목민심서』의 경우 초고본에 비해 완성본은 고사故事를 새로 보충하고 항목을 추가하는 등 분량이 크게 늘어난 것으로 확인된다. 경제학자로서 다산을 오랫동안 연구해온 김영호 경북대학교 명예교수에 따르면, 『목민심서』를 집필할 당시 다산의 제자 이강회李綱會가 자료 수집 및 고증에 참여했다고 한다. 김 교수는 또한 『목민심서』는 초고본과 재고본이 있으며 『흠흠신서』는 초고본, 재고본, 삼고본이 있다는 의견을 피력했다.

한편 『흠흠신서』 「전발무사」편의 초고 형태를 짐작할 수 있는 자료로 현재 국립중앙도서관에 소장된 1책 분량의 『명청록明清錄』(도서번호 古3649-151)이 있다. 『명청록』에는 다산이 직접 작성한 14개의 옥안獄案과 함께 부록으로 「청계촌행검설淸溪村行檢說」(청계고을의 검시와 관련된 글)이 실려 있는데, 완성본에는 새로운 옥안 2개가 추가되는 등 약간의 변화가 보인다. 흥미롭게도 『명청록』 후반부를 보면, 그가 유배지에서 수령 또는 관찰사가 된 것처럼 가정해 시험 삼아 작성한 강진현, 해남현 옥사에 관한 4개의 옥안은 서제庶弟 정약횡丁若鐄(1785~1829)에게 문법을 가르치려 쓴 것이고, 또 다른 2개는 강진현감의 요청으로 대작代作한 것이라고 적혀 있다. 이 같은 내용을 통해 우리는 『흠흠신서』 「전발무사」편에 실린 옥안의 작성 배경을 알 수 있다. 『명청록』에서 언급한 정약횡은 생모 해남윤씨가 죽고 난 후 아버지 정재원의 소실로 들어온 우봉김씨의 아들로, 다산의 이복동생이다.

이처럼 『목민심서』, 『흠흠신서』의 초고본이나 관련 이본들을 수집, 발굴, 분석해보면 지금까지 알려진 것보다 더 구체적으로 다산의 집필 동기 및 과정 등을 확인할 수 있지 않을까 기대한다.

목민서 편찬 전통에서 본 『목민심서』

조선시대 지방 고을의 수령은 중앙에서 파견된 유일한 관리라는 점에서 그 지위와 역할이 매우 중요했을 뿐 아니라, 고을 백성에게 미치는 영향도 지대했다. 수령은 조세 수취, 소송 처리와 형벌 집행을 비롯해 고을의 각종 현안을 해결하는 일을 했고, 효과적인 업무 처리를 위해 인사, 행정, 부세, 법률 등 다양한 지식이 요구되었다. 이러한 상황에서 조선 후기 여러 학자가 수령들이 업무지침서로 읽기를 바라는 마음으로 다양한 '목민서牧民書'를 편찬했으며, 다산의 『목민심서』 역시 이와 같은 조선시대 목민서 편찬의 전통에서 출현했다. 『목민심서』는 양적으로나 질적으로나 조선시대 목민서 중 최고봉이라 해도 과언이 아닌데, 그것의 가치를 언급하기에 앞서 목민서 편찬의 전통부터 간단히 살펴보자.

조선 전기에는 명나라에서 전래한 목민서 『목민심감牧民心鑑』이 보급, 활용되었으며 학자들이 조선 현실에 맞는 독자적인 목민서를 만드는 단계에까지는 이르지 못했다. 다만 유희춘柳希春(1513~1577)

이 자신의 수령 경험을 바탕으로 지은 『치현수지治縣須知』, 정철鄭澈 (1536~1593)이 강원도 관찰사로 있으면서 관내 수령을 훈시하는 내용을 담은 글 『유읍재문諭邑宰文』, 이원익李元翼(1547~1634)이 수령으로 부임하는 생질 이덕기李德沂를 훈계하는 내용의 편지 『이상국오리계기생이덕기서李相國梧里戒其甥李德沂書』 등에서 볼 수 있듯이 몇몇 관리가 수령의 마음가짐이나 명심해야 할 사항을 정리하는 작업을 하긴 했다.

목민서는 조선 후기에 들어서 본격적으로 나오기 시작하는데, 현재 확인되는 목민서 가운데 가장 이른 시기의 것은 『치군요결治郡要訣』 등 18세기 전반의 저술이다. 비교적 널리 보급된 목민서로는 첫째, 짧은 분량의 여러 목민서를 하나로 묶어 종합한 『목민고牧民考』, 둘째, 『목민심감』, 이원익의 편지, 자신의 의견 등 세 부분으로 구성된 『선각先覺』이 있는데, 이들 두 종의 목민서는 현재 다양한 이본이 필사본 형태로 전해진다.

이 무렵에 나온 여러 목민서가 삼정三政 등 조세 수취와 관련된 수령의 자세 및 유의사항을 비중 있게 담았다면, 19세기 중반쯤 편찬된 것으로 보이는 『목강牧綱』은 민소民訴 처리, 형장 사용 등 수령의 사법권 행사에 대한 지침과 설명이 많은 분량을 차지한다는 점이 특징이다. 조선 후기에는 부세 총액제 운영에 따른 수령 주도의 과세 행정 중요성 확대, 신분제 동요와 새로운 사회문제의 대두에 따른 소송 증가 등이 주요 현안으로 등장했다. 18세기 이후에야 목민서가 편찬되기 시작한 것은 바로 이와 같은 지방사회 부세와 형정 등 수령 통치의

이원익의 초상. 이원익은 임진왜란 때 선조를 호종해 피란을 도왔는데, 이 초상화는 그가 공신이 된 것을 기념해 제작한 것으로 추정된다. 국립중앙박물관 소장.

중요성이 확대되면서 효과적인 업무 수행의 필요성이 제기되었기 때문이라고 할 수 있다.

한편 많은 목민서가 편자를 알 수 없는 데 반해, 저자가 확인되는 것들도 있다. 이광좌李光佐(1674~1740)의 『정요政要』, 안정복安鼎福(1712~1791)의 『임관정요臨官政要』(1757), 홍양호洪良浩(1724~1802)의 『목민대방牧民大方』(1791)이 그것이다. 이 중 『목민대방』은 육전六典에 따라 내용을 분류한 것이 특징이다. 『목민대방』 이전에 만들어진 목

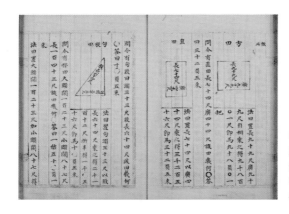

『목민심서』「호전」전정(田政) 부분으로, 토지 관련 세금을 올바르게 거두는 방법에 대해 적어놓았다. 장서각 소장.

민서의 경우 수령의 부임부터 부세, 형정 등 업무에 관한 내용까지 일정한 체계 없이 나열되어 있지만, 이 책은 비록 분량은 적어도 육전에 따라 내용을 구성함으로써 목민서 형식에서 진전을 보였다.

이상에서 살펴본 조선 후기 목민서 편찬의 전통을 고려할 때 다산의 『목민심서』가 갖는 장점은 다음과 같다. 첫째, 육전을 바탕으로 하되 기타 중요한 주제의 편목을 추가하는 등 형식 면에서 체계성이 돋보인다. 종래의 목민서가 주로 삼정三政이나 수령 7사를 중심으로 내용을 분류한 반면, 『목민심서』는 부임赴任, 율기律己, 봉공奉公, 애민愛民, 이전吏典, 호전戶典, 예전禮典, 병전兵典, 형전刑典, 공전公典, 진황賑荒, 해관解官 등 12편에 각 6개 조씩 배치해 모두 72개 조의 주제로 구성되어 있다. 다산은 이와 같은 형식을 통해 수령이 처음 임명된 후교체될 때까지 과정에서 발생할 수 있는 모든 사항에 관한 지침을 주제별로 배열하고 있다. 둘째, 내용 면에서도 다른 목민서와 비교할 수 없는 방대한 분량과 상세한 예시가 돋보인다. 다산은 이전의 목민서는 물론 다양한 저술들을 참고해 수령이 알아야 할 긴요한 실무지식을 조문별로 제시했고, 수령이 갖추어야 할 덕목과 마음가짐, 수령에게 닥칠 애로사항에 대한 해결법, 중국과 조선의 여러 관리가 경험한 사례 등을 풍부하게 실었다.

『목민심서』 서문에서 다산은 책 제목을 '마음으로 쓴 글'이라는 뜻의 심서心書라고 한 이유에 대해 "목민할 마음은 있으나 몸소 실행할 수는 없기 때문"이라고 밝힌 바 있다. 비록 몸은 유배지에 있지만 백성을 위한 바른 통치가 실현되기를 바라는 다산의 간절한 마음이 『목민심서』에 그대로 녹아 있다고 할 수 있다.

형사 판례집의
유형과 『흠흠신서』

『목민심서』가 조선시대 목민서 편찬의 전통에 따라 양, 질 등 모든 면에서 종래의 것을 뛰어넘는, 수령을 위한 업무지침서라면 중국과 조선의 여러 살인 사건 판례를 담고 있는 다산의 또 다른 기념비적 저작인 『흠흠신서』는 수령의 형사 사건 처리에 도움을 주려는 목적에서 작성한 재판 참고서다. 『흠흠신서』 내용은 앞에서 살펴봤으니, 이제는 조선 후기에 만들어진 다른 형사 판례집과 비교해 『흠흠신서』가 지닌 가치를 음미해보기로 하자.

당시 어떤 형사 판례집이 있었는지부터 살펴보면, 먼저 살인 등 사형죄에 해당하는 사건에 대한 국왕 정조의 심리·판결 기록을 모은

『심리록』은 조선시대 형사 판례집을 대표하는 현존 자료다. 『심리록』은 내용이 조금씩 다른 여러 종이 전해지는데, 내용이 가장 충실한 책에는 1776년부터 1800년까지 정조가 처리한 1,112건의 옥안이 수록되어 있다. 『심리록』의 저본은 현재 전하지 않는『상형고詳刑考』인 것으로 보이며, 다산 또한『흠흠신서』「상형추의」편을 작성할 때『상형고』를 참고했다고 밝힌 바 있다. 『상형고』에는 형사 사건과 관련된 지방 수령의 검안, 관찰사의 보고서, 정조의 판부 등을 망라해 수록했을 것으로 추정되며, 『심리록』은 이들 옥안을 그대로 싣는 대신 축약해놓았다. 『심리록』이 국왕의 글인 어제御製 편찬 작업의 일환으로 작성되다 보니 정조의 판부만 온전히 싣고 관리들의 보고서는 요약해서 넣은 것이다.

『심리록』은 정조가 심리한 살인 등 사형 범죄를 두루 보여준다는 점에서 귀중한 형사 판례집임에는 분명하지만, 소략한 내용을 보완하려면『흠흠신서』를 함께 검토해야 한다. 『흠흠신서』「상형추의」편에 실린 정조 대 사건 144건에는『심리록』에 없거나 생략된 지방관의 변사체 검시 보고, 조정 관리의 의견과 법리法理 논쟁 외에도 해당 사건들에 관한 다산의 날카로운 논평이 포함되어 있기 때문이다.

정조 대 사건 기록으로『심리록』이 있다면 19세기 중죄수에 관한 판례집으로는『추조결옥록秋曹決獄錄』을 꼽을 수 있다. 이 책은 원래 정조 즉위년인 1776년부터 1893년까지 매년 한 책씩 모두 118책이 만들어졌다. 하지만 현재는 1822년부터 1893년까지 내용에 중간 중간 연도도 빠진 43책의 낙질본落帙本으로만 전해진다. 비록 중간에 누

락된 연도가 있긴 해도 형조에서 주관해 국왕에게 보고한 19세기 전국의 살인 등 중죄수에 대한 판례가 실려 있어 당시 주요 형사 사건의 현황 및 처리 과정을 이해하는 데 도움이 된다.

『추조결옥록』과 유사한 형태의 자료지만 시기적으로 철종 즉위년인 1849년 12월부터 이듬해 2월까지 발생한 32건의 사건을 다룬 『추조심리안秋曹審理案』도 전해진다. 『심리록』과 달리 『추조결옥록』, 『추조심리안』은 다산이 『흠흠신서』에 수록한 사건들보다 시기적으로 후대의 것들을 다루어 『흠흠신서』와는 내용이 겹치지 않는다.

이처럼 『심리록』, 『추조결옥록』, 『추조심리안』이 국왕의 심리를 거친 결과를 담은 판례집이라면, 지방 군현 수령과 관찰사가 수사 단계에서 작성한 '검발檢跋', '검제檢題'를 모아놓은 기록도 있다. 여기서 검발이란 살인 사건이 발생했을 때 담당 수령이 작성한 검안에서 사건에 대한 수령의 의견서 부분에 해당하는 발사跋辭를 말하며, 검제는 관찰사가 수령에게 내리는 살인 사건 수사 지시사항을 가리킨다. 현재 서울대학교 규장각에는 20종이 훨씬 넘는 19세기 필사본의 검발, 검제 자료집이 소장되어 있다. 또한 최근 조사를 통해 미국 버클리대학교 등 해외에 유사한 자료가 소장되어 있다는 사실이 밝혀져 사건 판례집 자료가 새로 발굴될 가능성이 커졌다. 이들 검발, 검제 자료는 대부분 필사본으로 누가 언제 어떤 목적으로 편찬했는지 확인되지는 않지만, 조선 후기에 발생한 형사 사건의 특징뿐 아니라 각 지방 수령의 살인 사건 처리 과정을 파악하는 데 도움이 된다.

이상 살펴본 자료는 모두 관리가 사건을 처리하는 과정에서 작성한 공문서를 요약하거나 있는 그대로 모아놓은 것들이다. 그런 점에서 여러 인명 사건을 자신의 시각에서 분류 및 유형화하고 사건 처리와 법률 적용상의 문제점을 구체적으로 지적, 논평한 판례연구서는 다산의 『흠흠신서』가 유일하다. 이것이 바로 『흠흠신서』의 가장 큰 가치가 아닐까 싶다. 게다가 다산은 조선의 사례뿐 아니라 중국에서 발생한 사건까지 광범위하게 자료를 수집해 정리했다. 이 점은 비슷한 시기 중국에서도 유사한 사례를 찾아보기 힘들 정도다.

19세기 사회 전반적으로 변화가 가속화하면서 분쟁과 갈등이 증대했고 이를 조정하는 일이 그만큼 중요해지자 다산은 수령들에게 법 집행 참고서가 필요하다는 생각에 직접 『흠흠신서』를 편찬했다. 『흠흠신서』는 다산의 실용적·실천적 지식인으로서 면모를 유감없이 보여주는 저술 가운데 하나라 할 수 있다. 한 가지 아쉬운 점은 다양한 형사 사건 전체가 아닌 살인, 자살 같은 인명 사건만 다루고 있다는 사실이다. 그럼에도 다산은 율학을 소홀히 하던 시대 분위기와 당시 사대부의 안이한 처신 속에서 『흠흠신서』를 통해 조선의 율학 수준을 끌어올리는 전무후무한 성취를 이루었다.

꼭 필요한 저술의 유통과 보급

『목민심서』와 『흠흠신서』는 각각 지방 통치 및 법률 지침서로서 기념비적 저술임에 분명하지만, 안타깝게도 다산의 다른 귀중한 저술들과 마찬가지로 다산 사후에 필사본 상태로 보관되었을 뿐 오랫동안 간행되지 못해 유통과 보급에 한계가 있었다. 해배된 후 다산이 친구 이재의李在毅에게 보낸 편지에서『목민심서』가 사람들 사이에 회자되어 내용이 구설에 오를까 두렵다고 한 데서도 알 수 있듯이, 자신이 살아 있을 때『목민심서』가 널리 읽혀 논란을 일으키지는 않을까 조심했던 것 같다. 결국 이 두 저술의 판본이 처음 인쇄되어 나온 것은 다산이 서거하고 40년이 훨씬 지난 대한제국 때였다. 당시 신식 활자로 두 책을 출판한 곳은 장지연張志淵 (1864~1921)이 현채玄采 등과 함께 문을 연 광문사廣文社였고, 1901년 과 1902년에『흠흠신서』와『목민심서』가 각각 출간되었다.

그렇다면 출간 전까지『목민심서』와『흠흠신서』는 세상에 알려지지 않은 채 묻혀 있었던 것일까? 그렇지 않다. 이들 저술이 당시 관리나 지식인에게 얼마나 많이 알려졌는지는 명확히 알 수 없지만, 여러 정황을 고려할 때 입소문을 통해 그 우수성이 널리 퍼지면서 필사해 읽은 학자, 관리가 적잖았던 것으로 추정된다. 먼저 광문사『흠흠신서』에 실린 다산의 손자 정대무鄭大懋의 언급이 주목된다. 그는 책 서문에서 법률에 조예가 깊은 다산의 가풍을 이어받았을 것이라 여긴 주변의 추천으로 벼슬살이 14년 동안 검관檢官 업무만 무려 100여 번이나 수행했음을 술회했다. 많은 사람이 다산의 탁월한 법학자로서 진가를『흠흠신서』가 활자로 인쇄되어 나오기 전부터 인정했음을 엿볼 수 있는 대목이다.

다음으로 19세기 대표 성리학자 가운데 한 명인 전라도 장성의 기정진亓正鎭(1798~1879)은 1862년(철종 13) 임술민란(경상도·전라도·충청도 지역을 중심으로 일어난 농민항쟁) 때 작성해 조정에 올리려 했던 「임술의책壬戌擬策」에서 심각한 삼정三政의 폐단을 바로잡을 방안으로 『목민심서』를 추천했다. 이는 당시 최고 학자였던 기정진이 다산의 저술을 이미 읽어봤고, 『목민심서』에서 제시한 다산의 수령 통치 관련 의견을 최고의 삼정 해결책으로 꼽았다는 것을 의미한다.

황현黃玹(1855~1910)의 『매천야록梅泉野錄』에도 『목민심서』와 『흠흠신서』가 널리 전파되었을 가능성을 시사하는 기록이 여럿 등장한다. 1884년(고종 21) 갑신정변 직후 다산의 사상에 심취한 고종이 다산의 저술 전체를 한 질 필사해 정사에 참고했다는 언급이 그중 하나다. 이 기록의 신빙성에 대해서는 논란이 있을 수 있다. 하지만 황현의 주장이 사실이라면 다산의 저술이 몇몇 학자 사이에서 회자되는 단계를 넘어 최고통치자인 국왕의 주목을 받기에 이르렀음을 의미한다. 이어 『매천야록』은 이 시기 『목민심서』와 『흠흠신서』가 지방에 파견되는 관리들에게 꼭 필요한 책이 된 상황을 다음과 같이 이야기한다.

다산의 저술은 한 권도 간행, 반포되지 못해 개인적으로 베끼어서 책들이 각기 따로 유행되고 있었다. 『흠흠신서』와 『목민심서』 두 책은 관리들의 통치와 옥송獄訟에 더욱 간절한 자료이므로 아무리 취지가 다른 사람이라도 보배처럼 여겨 소장하지 않는 사람이 없었다. 지금 그 단행본은 이미 수백 개에 달한다.

이는 당색黨色을 떠나 많은 학자, 관리가 책의 출간 여부와 상관없이 다산의 이 두 저술을 구해 읽고 참고했다는 이야기다.

이상 정대무, 기정진, 황현이 남긴 기록을 종합해볼 때 다산 사후에 『목민심서』와 『흠흠신서』가 필사본 형태로 유통되었고, 고종 대에 이르러 바람직한 지방 행정과 법 집행을 위해 많은 목민관 사이에서 필독서로 자리 잡은 것으로 추정된다. 실제로 현재 서울대학교 규장각 등 여러 기관에 이 두 저술의 다양한 필사본이 전해지며, 전래 과정에서 상당수가 없어졌을 것을 감안한다면 당시 학자와 관리들의 『목민심서』, 『흠흠신서』 전사傳寫 작업은 훨씬 광범위했을 개연성이 있다. 뛰어난 작품은 결코 빛을 잃지 않고 오랜 기간 후세에까지 영향을 미친다는 불변의 진리를 다산의 두 저술이 증명해주고 있다.

법률사상가 정약용을 재조명하다

사후 100년 만에
정약용 연구의 서막이 열리니

1836년(헌종 2) 다산은
세상을 떠났지만 그의 학문적 성취는 헤아릴 수 없을 정도로 방대했
다. 특히 다산이 남긴 저술은 지금으로 따지면 문학, 역사학, 철학, 지
리학, 법학, 과학, 의학, 약학, 천문학 등 실로 다양한 학문 분야에 걸
쳐 있다. 다산 사후에 『목민심서』, 『흠흠신서』 등 일부 저술이 부분적
으로 세간의 관심을 끌긴 했지만 그의 생애와 사상, 그리고 그가 추구
한 학문의 진면목을 종합적으로 온전히 드러내는 작업은 한동안 이루
어지지 못했다.

망국을 앞둔 1910년(순종 3) 다산은 문장과 나라를 운영하는 재주
가 일세에 탁월했다는 이유로 정헌대부正憲大夫 규장각 제학提學 벼슬

에 추증되었다. 또한 문도공文度公이라는 시호도 내려졌다. 문도공에서 '문'은 널리 배우고 들은 것을, '도'는 일을 처리함이 의義에 맞는다는 것을 의미한다. 이는 다소 늦은 감이 없지 않지만 조정에서도 비로소 다산의 업적을 인정한다는 뜻이었다.

다산의 사상과 저술을 본격적으로 조명하기 시작한 것은 일제강점기에 이르러서다. 이와 관련해 가장 먼저 꼽을 수 있는 것이 1921년 다산의 현손玄孫 정규영이 다산 일대기를 정리해 내놓은 『사암선생연보』다. 다산의 장손자 정대림丁大林(1807~1985)의 손자인 정규영은 1920년 여름 이 연보를 만들기 시작해 일 년 만에 완성했으니, 다산의 85주기가 되는 해였다. 그 전까지 다산의 일대기로는 환갑인 1822년에 다산이 직접 지은 「자찬묘지명」이 있었으나, 이 묘지명에는 1822년 이후부터 다산이 죽을 때까지 15년간 행적이 공백으로 남아 있다. 반면 정규영의 『사암선생연보』는 다산이 태어난 1762년부터 사망한 1836년까지 그의 행적과 교유관계, 대표 저술의 내용 등을 담고 있어 후세 사람들이 다산의 일생을 온전히 파악하는 데 도움을 주었다.

후손들이 그의 연보를 편찬해가는 가운데 대한제국 시기에 다산의 『목민심서』와 『흠흠신서』를 최초로 출판하는 데 앞장섰던 장지연 등 여러 학자가 다산에 주목하는 글을 하나둘 발표하기 시작했다. 그러다 1930년대에 들어서면서 다산의 학문을 조명하는 작업은 새로운 전기를 맞게 된다. 다산의 방대한 문집을 집대성한 책이 출간된 것이다. 이 무렵 다산 서거 100주기가 되는 해인 1936년을 기념하고

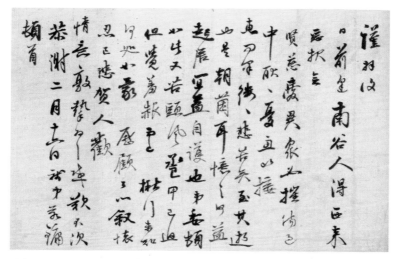
다산이 부인 홍 씨와 회혼일을 며칠 앞두고 지인에게 쓴 편지. 국립중앙박물관 소장.

자 전국적으로 헌금을 거두어 다산의 저술을 총정리하려는 움직임이 시작되었고, 마침내 정약용 문집이 1934년부터 1938년에 걸쳐 신조선사新朝鮮社에서 154권 76책의 『여유당전서與猶堂全書』라는 제목으로 발간되었다. 다산의 일생에 걸친 작업이 사후 100년 만에 처음 활자로 인쇄되어 나온 것이었다. 책의 편자는 다산의 외현손 김성진金誠鎭 (1874~1946)이고, 다산 연구의 선구자인 정인보鄭寅普(1893~?)와 안재홍安在鴻(1891~1965)이 교열에 참여했다. 책 출간과 함께 강연 등 다산을 기념하는 다양한 행사도 열렸다.

1930년대 『여유당전서』의 출간은 비타협적 민족주의자들이 주도하던 문화운동 일환으로 시작된 조선학朝鮮學 탐구의 주요 결실이었으며, 다산의 사상과 학문적 업적이 재조명받는 중요한 계기가 되었

신조선사에서 1936년에 간행한 『여유당전서』. 삼성출판박물관 소장.

다. 이를 전후해 다산 문집 간행에 앞장선 정인보, 안재홍 외에도 최
익현, 현상윤, 박종화, 조헌영, 이훈구, 백남운, 김태준, 이건방, 백낙
준, 박종화, 안호상 등 많은 학자가 신문과 잡지에 다산에 관한 글을
기고함으로써 초기 실학 연구의 분위기가 조성되었다. 이 가운데 정
인보, 안재홍 외에 또 한 명 중요한 인물로 최익한崔益翰(1897~?)을 꼽
을 수 있다.

한학과 신학문에 두루 밝았던 최익한은 『여유당전서』 출간을 계기
로 1938년 12월부터 이듬해 6월까지 『동아일보』에 「『여유당전서』를
독함」이라는 제목으로 총 65회에 걸쳐 다산의 사상 및 실학파의 계보
를 체계화해 소개했다. 이 연재는 대중적인 글이지만 다산에 관한 심
층 연구가 나오기 전에 이루어졌다는 점에서 연구사적 의미가 적지
않다. 최익한은 이 연재를 토대로 해방 후 북한에서 실학과 다산 사상

을 집대성한 연구서 『실학파와 정다산』(1955)을 출간했는데, 이 저술은 1989년 복간되었고 2011년 한 번 더 복간되었다. 그리고 다른 책 『여유당전서를 독함』은 2016년에 이르러서야 3권의 최익한 전집 가운데 하나로 국내에서 출간되었다. 한마디로 『여유당전서』가 출간된 1930년대는 다산 연구의 서막을 알리는 중요한 시기였다고 할 수 있다.

정약용 연구의
현주소

다산 문집이 발간되고 다산에 대한 학문적 관심이 고조되던 일제강점기를 지나 해방 후에는 다양한 분야에서 좀 더 심층적인 연구가 이루어졌다. 동시에 다산 저술의 추가 발굴과 정리, 번역 작업도 하나 둘씩 진행되었다. 지금까지 나온 다산에 관한 수많은 연구 성과를 정리하는 일은 많은 학자가 뛰어들어 치밀하게 분석해야 할 쉽지 않은 작업이다. 여러 분야에 제출된 다산학 연구 성과가 가히 셀 수 없을 정도로 많기 때문이다.

이런 상황에서 2012년 다산 탄신 250주년을 기념해 다산학술문화재단이 만든 『다산 및 다산학 관련 저술 목록』을 통해 다산학 연구를 대강 일별할 수 있다. 이 목록은 1920년부터 2012년 2월까지 공간소개된 다산 및 다산학 관련 저서, 번역서, 학술논문뿐 아니라 소설, 만화 등 다산의 콘텐츠를 활용한 대중서에 이르기까지 모두 21개 분야로 나누어 2,000건 넘는 다산 관련 논저를 소개하고 있다. 해방 후부터 지금까지 다산과 실학에 얼마나 관심이 컸는지를 보여주는 방대한 양이다.

『다산 및 다산학 관련 저술 목록』을 훑어보면 그동안 정치·경제, 어문, 경학 분야에서 다산에 대한 연구가 활발하게 진행되었음을 알 수 있으며 다산 학술 전반에 걸친 저술이나 전기, 평전 등도 적지 않다. 특히 해방 후 다산의 경세학 저술에 주목한 초기 단행본으로는 홍이섭의 『정약용의 정치경제사상 연구』(한국연구도서관, 1959), 경학 분야에서는 이을호의 『다산 경학사상 연구: 원리론을 중심으로』(을유문화사, 1966)를 꼽을 수 있다. 금장태 교수 등이 정리, 저술한 다산의 일대기도 여러 권 나왔는데, 특히 최근 박석무 다산연구소 이사장이 펴낸 『다산 정약용 평전: 조선 후기 민족 최고의 실천적 학자』(민음사, 2014)는 오랜 관련 연구의 내공을 바탕으로 다산의 일생을 잘 정리한 평전이라고 할 수 있다. 이 밖에 분야별 대표적인 연구 성과는 일일이 거론하기 힘들 정도다.

개인 연구자와 별도로 1970년대 역사학자, 한문학자 등이 결성한 다산학 연구 모임인 '다산연구회' 또한 다산학의 발자취를 더듬어볼 때 빼놓을 수 없다. 해당 연구회에는 역사학자 강만길, 김태영, 정창열, 경제학자 안병직, 한문학자 송재소, 임형택, 이지형 등이 참여했다. 이들은 1978년부터 1985년까지 오랜 공동 작업의 결과물로 6권의 『역주 목민심서』를 완간했을 뿐 아니라, 다산학 연구를 선도하는 분야별 성과를 내기도 했다.

한편 다산 저술의 정리 작업과 관련해서는 일제강점기 신조선사에서 출간한 『여유당전서』를 보완하는 일이 해방 후 진행되었다. 문헌 편찬위원회는 『여유당전서』를 저본으로 해 다산연보를 추가한 영인본 『정다산전서』를 1962년에 냈으며, 경인문화사에서는 일제강점기 『여유당전서』에는 빠져 있는 다산 저술을 모아 1970년 『여유당전서 보유』 5책을 추가로 출간했다. 내용이 조금씩 달라 혼란을 초래할 수 있는 다산 저술의 다양한 이본異本에 대한 교감 작업을 거쳐 정본定本을 만드는 작업은 다산학술문화재단에서 수행했다. 오랜 기간 많은 작업 인력과 예산을 동원한 끝에 2012년 12월 총 37권의 『정본 여유당전서』가 출간되었다.

이와 같은 정본 작업과 함께 미발굴 다산 저술에 대한 조사 및 수집 작업도 주목된다. 최근 한문학자인 정민 한양대학교 교수는 다산의 친필 서첩이나 간찰 등을 새롭게 발굴해 다산 이해의 지평을 더욱 넓혔는데, 『다산의 재발견: 다산은 어떻게 조선 최고의 학술 그룹을 조직하고 운영했는가?』(휴머니스트, 2011)와 『다산 증언첩: 한평생 읽고 새긴 스승 다산의 가르침』(휴머니스트, 2017)이 대표적인 작품이다. 학자들의 이런 노력에 더해 미공개된 다산의 글을 면밀히 대조한 뒤 정본을 다시 확정하고 다산 저술의 원형을 복원하는 작업은 여전히 진행 중이다.

여러 사업을 통해 다산학 연구와 더불어 다산학의 보급 및 대중화에도 힘쓰고 있는 기관으로는 다산연구소, 다산학술문화재단, 실학박물관을 들 수 있다. 2003년 창설된 다산연구소는 정기학술 세미나, 다산 저술의 번역 외에도 다산 현창顯彰 사업, 인터넷을 통한 다산 사

상의 대중화도 진행하고 있다. 1998년 설립된 다산학술문화재단은
『여유당전서』 정본화 사업 외에도 『다산학 사전』 등 다양한 연구 지
원 사업, 국내외 학술회의 및 다산학술상 수상 같은 학술 활동, 다산
학술총서 및 번역총서 출간 등으로 사업 영역을 점차 확대하고 있다.
다산 생가와 묘소가 있는 마재에 세워진 실학박물관은 전시와 교육
을 통해 다산의 실학을 알리면서 다산의 '공公·렴廉' 사상을 보급하는
'다산 공·렴 아카데미' 프로그램도 운영해 청렴정신을 배우고자 하는
여러 기관으로부터 호응을 얻고 있다.

법률사상가로서 정약용 읽기

이렇듯 관심이 고조되어 다산학 전반
을 깊게 이해할 수 있게 되었지만 여전히 소홀히 다루어지는 분야도
적지 않다. 다산의 살인 사건 판례연구서인 『흠흠신서』에 대한 연구
가 그런 분야 가운데 하나다. 이에 다산의 법률사상가로서 면모에 주
목해 그의 저술 『흠흠신서』를 다룬 주요 연구들을 소개하고자 한다.

이 분야의 초기 연구자로는 아무래도 박석무, 박병호를 들 수 있을
듯하다. 박석무 다산연구소 이사장은 1971년 전남대학교 법학과 석
사학위 논문으로 「다산 정약용의 법사상」을 제출할 정도로 일찍부터
법학자 정약용에 주목했다. 그는 1973년 유신반대운동으로 일 년 동
안 감옥생활을 했는데, 감방에서 다산 저술에 관한 연구를 본격적으

로 수행한 것으로도 유명하다. 이후 그의 관심은 다산학 전반으로 확장되어 많은 저서와 번역서를 출간하기에 이르렀고, 그 가운데 정해렴과 공동으로 번역한 『역주 흠흠신서』(현대실학사, 1999)는 법학자 다산의 모습을 대중에게 알리는 데 기여했다.

법제사 연구의 1세대에 해당하는 법사학자인 박병호 서울대학교 명예교수는 한국 법사학의 개척자이자 고문서와 초서에도 조예가 깊은 학자다. 그는 조선시대 법학 및 법제사 전반에 관한 저서를 많이 남겼는데, 그중에는 법학자 다산에 주목해 쓴 『다산의 법사상』(1985), 『다산의 형법관』(1990) 등의 성과도 있다.

한편 『흠흠신서』에 대한 본격적인 분석은 박병호 교수의 제자이자 2세대 법제사가의 선두인 심희기 연세대학교 교수가 쓴 「『흠흠신서』의 법학사적 해부」(1985)라는 논문에서 확인할 수 있다. 1968년 일본인 학자 미야자키 이치사다宮崎市定가 『흠흠신서』에 대한 간략한 해제를 내놓은 적은 있지만, 『흠흠신서』의 자료적 가치와 책의 구성, 책에 수록된 여러 사건 사례의 출처·전거 등을 종합적으로 정리하는 작업은 바로 이 논문에서 이루어졌다. 이후 1990년대에는 『흠흠신서』의 이본을 검토하거나(유재복), 다산의 개혁론을 법치 관점에서 살펴본 연구(조윤선), 『흠흠신서』의 총론에 해당하는 「경사요의」편 분석을 통해 다산이 제시한 유교적 재판 규범의 특징을 조명한 글(권연웅) 등이 추가적으로 나왔다. 하지만 다산의 경세학 저술 가운데 하나인 『목민심서』에 대한 활발한 연구에 비한다면 이때까지도 『흠흠신서』 연구자는 턱없이 부족한 실정이었다.

『흠흠신서』에 수록된 세부 사건을 분석하면서 연구의 시각이 다양화되고 관련 연구자가 늘어난 시기는 2000년대 이후라고 할 수 있다. 이때부터 첫째, 『흠흠신서』에 실린 개별 사건 판례에 대한 분석이 이루어졌다. 김선경은 논문 「조선 후기 여성의 성, 감시와 처벌」(2000)에서 『흠흠신서』에 실린 성범죄, 즉 성 관련 살인 사건 29건의 판례를 분석해 조선 후기 여성의 성과 정절이 어떻게 감시, 처벌되었는지를 추적했다. 『흠흠신서』에 나오는 사건을 여성사 시각에서 다룬 것인데, 이 논문을 시작으로 과오살過誤殺, 의살義殺, 위핍치사威逼致死, 도뢰圖賴 등 『흠흠신서』의 사건 사례를 활용해 다산 형법사상의 특징을 살펴보거나 배우자 살인 사건만 뽑아 중국과 조선의 해당 사건 처리의 특징을 비교한 연구 결과가 김호 교수, 박소현 교수, 서정민 검사, 조균석 교수 등에 의해 발표되었다.

둘째, 판례집으로서 『흠흠신서』의 가치와 다산 법사상에 대한 재조명 작업이 진행되었다. 관련 연구로는 『심리록』과 비교를 통해 『흠흠신서』에 수록된 정조 대 사건 판례가 갖는 장점을 분석하거나 다산의 법 인식 및 형법사상의 특징을 재검토한 필자와 정긍식 교수, 백민정 교수 등의 논문이 있다.

이상에서 보듯이 다산의 법률사상가로서 면모는 한동안 크게 주목받지 못했으며 최근 들어서야 관련 연구가 조금씩 나오고 있는 실정이다. 또한 『대명률』, 『무원록』을 비롯한 전통 동아시아 형법과 법의학 등에 대한 전문지식을 요하는 어려운 내용을 담고 있다는 이유로 지금까지 『흠흠신서』 관련 연구가 빈약했던 것도 사실이다. 하지만

다산 정약용의 묘소로 다산과 부인 홍 씨의 합장묘다. 경기도 남양주에 있다.

앞으로는 다산의 학문체계를 종합적으로 이해해 그가 주장한 개혁론의 의미를 입체적으로 조명하기 위해서라도 법학자 다산의 실상이 좀 더 강조되고 부각될 필요가 있다.

　마지막으로 이 방면의 연구 활성화를 위해 제안하는 것은 『흠흠신서』에 대한 심화된 역주 작업이다. 역사 연구의 기본 자료가 되는 텍스트를 이해하려면 일차적으로 대상 자료의 정확한 번역이 중요하다. 『흠흠신서』는 이미 1980년대 법제처에서 고법전 번역 작업의 일환으로 번역이 이루어져 『흠흠신서』 1~3(홍혁기 역, 1985~87)으로 출간되었으며, 이후 박석무와 정해렴이 주석을 추가하고 내용을 수정한 『역주 흠흠신서』 1~3(현대실학사, 1999)이 나온 바 있다. 두 차례 번역을 거치면서 오류가 많이 교정되긴 했지만 여전히 어려운 법률 용어나 문장 풀이에서 간혹 오역이 눈에 띈다.

현재 '흠흠신서연구회'에서는 이와 같은 문제를 해결하고 좀 더 친절한 『흠흠신서』 역주본을 내기 위한 작업을 진행 중인데, 그 첫 결실이 2017년 말에 출간된 『『흠흠신서』 「전발무사」 역주: 조선의 법의 정의』(사암출판사)다. 흠흠신서연구회는 다산학술문화재단으로부터 독회 지원을 받아 번역 작업을 진행했으며 참여한 학자는 법사학, 역사학, 국어학, 중국철학, 중국문학을 전공한 심희기, 이종일, 필자, 박성종, 나우권, 박계화, 이승현 등이다. 많은 시간이 소요되는 『흠흠신서』 전체 역주 작업이 언제 마무리될지는 장담할 수 없지만, 본 작업이 성공한다면 『흠흠신서』의 내용을 한층 더 깊게 이해할 수 있을 것으로 보인다.

『흠흠신서』 내용에 대한 정확한 이해를 바탕으로 다산의 법사상을 정조 등 국왕은 물론, 관련 학자들과 상호 비교하고 다른 경세학 저술과도 연결해 그의 정치철학 및 통치기획을 해명하는 단계로까지 나아간다면 법학자 다산의 실체가 좀 더 분명해질 것이다. 이와 같은 작업을 통해 다산과 『흠흠신서』가 우리나라 법학사에서 하루빨리 제대로 자리매김할 수 있기를 기대한다.

원전

다산학술문화재단 흠흠신서연구회 역주, 『『흠흠신서』「전발무사」 역주: 조선의 법의 정의』, 사암, 2017.

정규영 지음, 송재소 옮김, 『다산의 한평생: 사암선생연보』, 창비, 2014.

정약용 지음, 다산학술문화재단 편, 『정본 여유당전서』 1~37, 사암, 2012.

정약용 지음, 박석무 역주, 『개정증보판 다산산문선』, 창비, 2013.

정약용 지음, 박석무·정해렴 역주, 『역주 흠흠신서』 1~3, 현대실학사, 1999.

정약용 지음, 박석무 편역, 『개역·증보판 유배지에서 보낸 편지』, 창작과비평사, 1991.

정약용 지음, 다산연구회 역주, 『역주 목민심서』 Ⅰ~Ⅵ, 창작과비평사, 1978~1985.

하영휘 탈초·현대어역, 『하피첩, 부모의 향기로운 은택』, 국립민속박물관, 2016.

저서

경기문화재단 실학박물관 편, 『조선의 목민학 전통과 목민심서』, 경인문화사, 2012.

김호, 『정약용, 조선의 정의를 말하다: 흠흠신서로 읽은 다산의 정의론』, 책문, 2013.

다산학술문화재단 다산학 사전편찬팀, 『다산 및 다산학 관련 저술 목록』, 다산 탄신 250주년 기념, 2012.

박석무 외, 『다산, 조선의 새 길을 열다』, 실학박물관, 2016.

박석무, 『다산 정약용 평전』, 민음사, 2014.

송재소, 『시로 읽는 다산의 생애와 사상』, 세창출판사, 2015.

심재우 외, 『조선 후기 법률문화 연구』, 한국학중앙연구원출판부, 2017.

심재우, 『네 죄를 고하여라: 법률과 형벌로 읽는 조선』, 산처럼, 2011.

심재우, 『조선 후기 국가권력과 범죄 통제: 『심리록』 연구』, 태학사, 2009.

정민, 『다산의 재발견: 다산은 어떻게 조선 최고의 학술 그룹을 조직하고 운영했는 가?』, 휴머니스트, 2011.

조성을, 『연보로 본 다산 정약용: 샅샅이 파헤친 그의 삶』, 지식산업사, 2016.

최익한, 송찬섭 엮음, 『여유당전서를 독함』, 서해문집, 2016.

한우근 등, 『정다산 연구의 현황』, 민음사, 1985.

논문

권연웅, 「『흠흠신서』 연구 1: 「경사요의」의 분석」, 『경북사학』 19, 1996.

김호, 「의살義殺의 조건과 한계: 다산의 『흠흠신서』를 중심으로」, 『역사와 현실』 84, 2012.

김호, 「『흠흠신서』의 일고찰: 다산의 과오살 해석을 중심으로」, 『조선시대사학보』 54, 2010.

박소현, 「18세기 동아시아의 성(gender) 정치학: 『흠흠신서』의 배우자 살해사건을 중심으로」, 『대동문화연구』 82, 2013.

박소현, 「법률 속의 이야기, 이야기 속의 법률: 『흠흠신서』와 중국 판례」, 『대동문화연구』 77, 2012.

백민정, 「『흠흠신서』에 반영된 다산의 유교적 재판 원칙과 규범: 「경사요의」의 법리 해석 근거와 의미 재검토」, 『대동문화연구』 99, 2017.

심재우, 「조선 후기 판례집·사례집의 유형과 『흠흠신서』의 자료 가치」, 『다산학』 20, 2012.

심재우, 「조선 후기 목민서의 편찬과 수령의 형정운영」, 『규장각』 21, 1998.

심희기, 「복수고 서설」, 『법학연구』 26-1, 부산대 법학연구소, 1983.

심희기, 「흠흠신서의 법학사적 해부」, 『사회과학연구』 5-2, 영남대 사회과학연구소, 1985.

유재복, 「『흠흠신서』의 편찬과 그 이본의 비교」, 『서지학연구』 7, 1991.

조윤선, 「정약용의 사회개혁 방법론: 법치적 관점에서」, 『사총』 46, 1997.

1762년(영조 38) 1세	6월 16일 사시巳時에 경기도 광주군 초부면 마현리(마재)에서 출생. 아버지 정재원丁載遠과 어머니 해남윤씨海南尹氏 사이의 3남 1녀 중 막내. 어릴 때 자字는 귀농歸農.
1765년(영조 41) 4세	천자문千字文을 배우기 시작함.
1767년(영조 43) 6세	경기도 연천현감으로 부임하는 아버지를 따라감.
1768년(영조 44) 7세	오언시五言詩를 짓기 시작함. 오른쪽 눈썹 위에 천연두 흔적이 남아 눈썹이 세 개로 나뉘었고 이후 자신의 호號를 삼미자三眉子라고 함.
1770년(영조 46) 9세	11월 9일 어머니 해남윤씨가 돌아가심. 자화상 그림으로 유명한 윤두서尹斗緖의 손녀가 다산의 어머니임.
1771년(영조 47) 10세	경서經書와 사서四書를 수학. 관직을 그만둔 아버지가 다산을 친히 가르침.
1774년(영조 50) 13세	두시杜詩를 모방한 시를 지어 아버지의 친구들로부터 칭찬을 받음.
1776년(영조 52) 15세	2월 22일 풍산홍씨와 결혼해 서울 생활을 시작함. 장인은 무과 출신인 홍화보洪和輔.
1777년(정조 1) 16세	성호 이익李瀷의 유고遺稿를 처음으로 보고 사숙함. 가을에 전라도 화순현감으로 부임하는 아버지를 따

라감.

1779년(정조 3) 18세   아버지의 명을 받들어 서울로 올라온 뒤 성균관에서 시행하는 승보시升補試(성균관 대사성이 매달 유생들을 대상으로 하는 시험으로, 생원이나 진사과에 응시할 자격을 주었다)에 뽑힘.

1780년(정조 4) 19세   경상도 예천군수에 부임하는 아버지를 따라감. 겨울에 아버지가 벼슬을 그만두자 다산이 아버지를 모시고 고향 마재로 돌아옴.

1781년(정조 5) 20세   서울에 있으면서 과시科詩를 익힘.

7월 딸이 태어났으나 닷새 만에 죽음.

1782년(정조 6) 21세   처음으로 서울 남대문 안 창동에 집을 마련함.

1783년(정조 7) 22세   여름 무렵 성균관에 들어감.

4월 생원生員에 합격해 국왕 정조를 처음 만남. 회현방으로 이사함.

9월 12일 큰아들 학연學淵이 태어남.

1784년(정조 8) 23세   이벽李蘗을 따라 배를 타고 두미협斗尾峽을 내려가면서 서교西敎(천주교)에 관한 얘기를 듣고 책 한 권을 봄.

1785년(정조 9) 24세   정시庭試(역적을 토벌한 것을 경축하는 과거)와 감제柑製(제주도 특산물인 황감을 진상하면 이를 성균관, 사학의 유생들에게 나눠주고 치르는 시험)의 초시에 합격함. 정조가 다산에게 『대전통편大典通編』한 질을 하사함.

1786년(정조 10) 25세   별시別試(나라에 경사가 있을 때 치르는 특별 시험)의 초시에 합격함.

7월 29일 둘째아들 학유學游가 태어남.

1787년(정조 11) 26세 성균관 유생들을 대상으로 제술製述을 시험하는 반제
泮製에 뽑혀 상으로 『팔자백선八子百選』, 『국조보감國
朝寶鑑』 등을 하사받음.

1788년(정조 12) 27세 반제에 수석으로 합격함.

1789년(정조 13) 28세 3월 전시展試에 나아가 수석으로 급제함. 7품 희릉직
장에 제수되고 초계문신抄啓文臣으로 임명됨.

6월 승정원 가주서假注書에 제수됨.

12월 셋째아들 구장懼牂이 태어남(요절).

1790년(정조 14) 29세 2월 예문관 검열檢閱에 제수됨.

3월 8일 반대 세력의 비난으로 임무를 맡지 않아 충청
도 해미현으로 귀양을 감.

3월 13일 배소配所에 이르렀으나

3월 19일 용서를 받고 풀려남.

7월 사간원 정언正言에 제수됨.

9월 사헌부 지평持平에 제수됨.

1791년(정조 15) 30세 5월 사간원 정언에 제수됨.

10월 사헌부 지평에 제수됨. 겨울에 호남에서 진산사
건珍山事件(신해박해, 최초의 천주교도 박해사건)이 일
어나자 다산의 반대 세력인 목만중睦萬中, 이기경李基
慶, 홍낙안洪樂安 등의 공격이 시작됨.

1792년(정조 16) 31세 3월 홍문관 수찬修撰에 제수됨.

4월 9일 진주목사를 지내던 아버지가 임소에서 돌아
가심.

5월 아버지 묘소를 충주에 모신 뒤 고향 마재에서 여

막을 짓고 거처함. 겨울에 왕명을 받들어 「기중도설起重圖說」 등을 지어 올림.

1794년(정조 18) 33세	6월 아버지 삼년상을 마침.
	7월 성균관 직강直講에 오름.
	10월 홍문관 수찬을 거쳐 경기도 암행어사의 명을 받아 보름간 네 개 고을을 시찰함.
	11월 15일 복명復命함.
1795년(정조 19) 34세	1월 사간원 사간에 제수됨.
	2월 병조참의에 제수됨.
	3월 우부승지에 제수됨.
	7월 청나라 주문모周文謨 신부의 입국 사건을 계기로 충청도 금정도金井道 찰방察訪으로 좌천됨.
	12월 용양위龍驤衛 부사직副司直으로 옮김.
1796년(정조 20) 35세	10월 규영부奎瀛府 교서校書에 제수됨.
	12월 병조참지, 우부승지 등에 제수됨.
1797년(정조 21) 36세	6월 좌부승지에 제수되었으나, 이를 사직하면서 자신과 천주교의 관계 및 천주교와 절연했음을 밝히는 상소문 「변방사동부승지소辨謗辭同副承旨疏」를 올림.
	윤6월 곡산부사에 제수되어 부임하는 길에 전임 수령 때 시위를 주도한 이계심李啓心을 풀어줌. 부임해서는 곡산 백성 김오선이 강도살인을 당한 사건 등을 명쾌하게 해결함. 겨울에 『마과회통麻科會通』 12권을 완성함.
1798년(정조 22) 37세	4월 정조의 명에 따라 『사기찬주史記纂註』를 지어 올림.

1799년(정조 23) 38세	2월 황주 영위사迎慰使로 임명됨.
	3월 정조의 명에 따라 황해도내의 수령을 염찰한 뒤 미제 옥사 두 건을 재조사해 해결함.
	4월 내직인 병조참지에 제수됨.
	5월 상경한 직후 형조참의에 제수됨. 형조참의가 되어 경기도 양주에 사는 함봉련咸奉連의 억울한 누명을 벗겨주고, 황해도 황주의 살인 사건을 심리해 신착실申著實을 감형시키는 데 기여함.
	6월 반대 세력의 공격에 사직 상소를 올림.
	7월 형조참의에서 물러나 이후 벼슬길에서 멀어짐.
	10월 넷째아들 농장農牂이 태어남(요절).
1800년(정조 24) 39세	6월 28일 정조가 승하하자 고향으로 돌아갈 것을 결심하고, 고향 마재에 '여유당與猶堂'이라는 당호를 내걺.
1801년(순조 1) 40세	2월 8일 사간원의 보고로 하옥됨.
	2월 27일 경상도 장기현에 유배됨. 10월 황사영 백서 사건으로 다시 투옥됨.
	11월 전라도 강진현으로 유배지가 바뀌었으며 강진읍내 사의재四宜齋에 거처를 마련함.
1802년(순조 2) 41세	큰아들 학연이 유배지로 찾아옴. 겨울에 넷째아들 농장이 요절했다는 소식을 들음.
1803년(순조 3) 42세	봄에 『단궁잠오檀弓箴誤』, 여름에 『조전고弔奠考』, 겨울에 『예전상의광禮箋喪儀匡』 등 의례서를 지음.
1804년(순조 4) 43세	봄에 『아학편훈의兒學編訓義』를 지음.
1805년(순조 5) 44세	여름에 『정체전중변正體傳重辨』을 지음. 겨울에 큰아

들 학연이 찾아오자 고성사 보은산방寶恩山房으로 거처를 옮겨『주역』과『예기』를 가르침.

1806년(순조 6) 45세   겨울에 제자 이학래李鶴來의 집으로 거처를 옮김.

1807년(순조 7) 46세   5월 장손 대림大林이 태어남.

7월 정약전의 아들 학초學樵의 부음이 와 묘갈명을 지음. 겨울에『예전상구정禮箋喪具訂』을 완성함.

1808년(순조 8) 47세   봄에 처사 윤단尹博 소유의 다산초당茶山草堂으로 거처를 옮긴 후 둘째아들 학유學游가 유배지에 찾아옴. 여름에 두 아들에게 훈계하는 글인 가계家戒를 씀. 겨울에『제례고정祭禮考定』,『주역심전周易心箋』,『독역요지讀易要旨』,『역례비석易例比釋』등을 완성함.

1809년(순조 9) 48세   봄에『예전상복상禮箋喪服商』을, 가을에『시경강의詩經講義』를 완성함.

1810년(순조 10) 49세   봄에『시경강의보詩經講義補』,『관례작의冠禮酌儀』,『가례작의嘉禮酌義』를 완성함. 두 아들을 위해 봄부터 가을까지 가계를 계속 씀.

9월 큰아들 학연이 국왕에게 다산의 억울함을 하소연했으나 홍명주洪命周와 이기경李基慶의 방해로 석방되지 못함. 겨울에『소학주천小學珠串』을 완성함.

1811년(순조 11) 50세   봄에『아방강역고我邦疆域考』, 겨울에『예전상기별禮箋喪期別』을 완성함.

1812년(순조 12) 51세   봄에『민보의民堡議』, 겨울에『춘추고징春秋考徵』을 완성함.

1813년(순조 13) 52세   겨울에『논어고금주論語古今註』40권을 완성함.

1814년(순조 14) 53세   여름에『맹자요의孟子要義』, 가을에『대학공의大學公

議』, 『중용자잠中庸自箴』, 『중용강의보中庸講義補』, 겨
울에 『대동수경大東水經』을 완성함.

1815년(순조 15) 54세 　봄에 『심경밀험心經密驗』과 『소학지언小學枝言』 두 책
을 완성함.

1816년(순조 16) 55세 　봄에 『악서고존樂書孤存』을 완성함. 6월에 둘째형 정
약전의 부음을 들음.

1817년(순조 17) 56세 　가을에 『상의절요喪儀節要』를 완성함. 『방례초본邦禮
草本』(『경세유표』를 말함)의 저술을 시작했으나 끝내
지는 못함.

1818년(순조 18) 57세 　봄에 『목민심서牧民心書』 48권, 여름에 『국조전례고國
朝典禮考』를 완성함.

8월 이태순李泰淳의 상소로 해배되어 고향 마재로 돌
아옴.

1819년(순조 19) 58세 　여름에 『흠흠신서欽欽新書』 30권, 겨울에 『아언각비雅
言覺非』 3권을 지음.

1820년(순조 20) 59세 　겨울에 다산 형제와 교분을 맺었던 옹산翁山 윤정언尹
正言의 묘지명을 지음.

1821년(순조 21) 60세 　봄에 『사대고례산보事大考例刪補』를 지음.

1822년(순조 22) 61세 　회갑을 맞아 「자찬묘지명自撰墓誌銘」을 지음. 또한 둘
째형 정약전을 비롯한 여러 명의 묘지명을 지음.

1823년(순조 23) 62세 　9월 28일 승지 후보로 낙점되었으나 얼마 후 취소됨.

1827년(순조 27) 66세 　10월 윤극배尹克培가 다산을 무고했으나 다행히 화를
입지 않음.

1830년(순조 30) 69세 　익종翼宗의 병세가 악화되자

5월 다산이 부호군副護軍에 제수되어 익종에게 약을

달여 올리기로 했으나 미처 올리기도 전에 익종이 승하함.

1834년(순조 34) 73세   봄에 『상서고훈尙書古訓』과 『지원록知遠錄』을 수정하고 합해 21권으로 완성함. 가을에 『매씨서평梅氏書平』을 개정함.

1836년(헌종 2) 75세   2월 22일 진시辰時에 친지와 문생들이 모인 가운데 고향 마재에서 돌아가심.

4월 1일 여유당 뒤편 동산에서 장사를 지냄.

백성의 무게를 견뎌라
법학자 정약용의 삶과 흠흠신서 읽기

지은이　심재우
펴낸이　윤양미
펴낸곳　도서출판 산처럼

등　록　2002년 1월 10일 제1-2979호
주　소　서울시 종로구 사직로8길 34 경희궁의 아침 3단지 오피스텔 412호
전　화　02-725-7414
팩　스　02-725-7404
E-mail　sanbooks@hanmail.net
홈페이지 www.sanbooks.com

제1판 제1쇄　2018년 9월 15일
제1판 제2쇄　2022년 8월 25일

값 18,000원

ISBN 978-89-90062-87-1 03910

* 잘못된 책은 바꾸어드립니다.